경영분석
Business Analysis

경영분석

Business Analysis

임태순 지음

한국학술정보㈜

우리나라의 기업들은 반세기라는 짧은 시간에 괄목할 만한 성장과 발전을 거듭해 왔다. 세계인들이 '한강의 기적'이라고 부르며 부러운 눈초리를 보낼 만큼 우리나라가 고도성장을 이룩한 배경에는 여러 가지 요인이 있겠지만, 그 중에서도 수출의 일선에서 우리나라 기업들이 국민경제에 기여한 부분을 우리는 결코 소홀하게 다룰 수 없을 것이다.

하루가 다르게 경쟁이 치열해지는 글로벌 경영환경하에서도 우리나라 기업들은 끊임없는 성장전략과 창업주들의 캔두이즘(can-do-ism)에 힘입어 글로벌 기업으로 진입하는 성과를 이루어냈다. 삼성전자, 현대자동차, LG전자, 포스코, 현대중공업, SK텔레콤 등과 같은 기업들은 이미 오래전에 매출액이 10조 원에 이르고 영업이익률이 10%에 이르는 소위 '10-10클럽'의 멤버로 등극하였다. 이는 대기업을 중심으로 관련분야의 산업에서 세계적인 선두 기업으로 명실상부한 성장을 지속하여 온 결과의 산물이라고 여겨지며 우리는 앞으로도 이들 기업을 따라 대를 이어갈 차세대 기업들이 10-10클럽에 등극하기를 바라는 마음 간절하다.

그동안 세계가 부러워할 정도로 성공신화를 이룩한 우리나라 기업들이 과연 다가오는 미래에도 성공신화를 계속해서 써나갈 수 있을까? 급변하는 글로벌 경영환경의 변화 속에서도 성장 동력이 되는 신수종사업의 발굴과 경쟁기업들보다 한 박자 빠른 경영을 통하여 지속가능한 성장(sustainable growth)을 계속할 수 있을 것인가?

시간을 거슬러 2008년 말, 리먼 브라더스 사태로 유발된 '글로벌 금융위기'는 거미줄처럼 연결된 세계의 금융시장을 전염시켜 마비시켰고, 전 세계의 기업뿐만 아니라 우리나라의 기업들에게도 위기의식과 함께 많은 고통을 안겨주었다. 세계의 국가경제와 민간경제는 혼란의 도가니 속으로 내몰렸고, 신용등급이 취약했던 일부 기업들은 경영부실(business failure)의 논란과 함께 파산위험(default risk)으로 매몰차게 내몰리기도 하였다. 글로벌 금융위기가 발생한 지 벌써 3년이 지나면서 세계 각국이 정책적인 공조를 통하여 유동성 확보를 위해 양적완화정책을 고수하고는 있지만, 아직까지도 유럽경제의 빠른 회복 가능성에 대해 회의적인 시각이 남아 있는 것이 사실이다.

이와 같이 글로벌 경영환경이 변화함에 따라 기업의 경영분석과 연관된 환경도 함께 변화하고 있다. 기업 내부적으로는 경쟁력 제고를 위한 노력이 계속적으로 요구되고, 외부적으로는 인수와 합병(M&A)에 대한 관심이 고조되며, 기업의 이해관계자들과 투자자들은 기업의 내재가치를 투자의 핵심요소로 생각하게 되었다. 또한, 금융기관과 신용평가사들은 점점 더 정교한 신용평가 기법을 가지고 기업들의 경영을 분석하려는 시도를 계속하고 있다. 이와 같이 경영분석에 대한 환경이 변화하고 있고 또한 경영분석에 대한 중요성이 대두되는 가운데, 이에 대한 올바른 이해를 돕는 데 조금이나마 도움을 드리고 싶은 마음으로 이 책의 출간을 서두르게 되었다.

본서는 10년이 넘게 대학에서 강의한 내용을 중심으로 구성한 경영분석에 대한 기초개념서이다. 본서의 구성은 총 5편으로 구성되어 있다. Part 1은 기업과 경영분석 편으로 경영분석의 의의와 경영분석의 기초자료에 관한 내용으로 구성되어 있다. 세부적으로는 기업경영의 이해, 경영분석의 종류 그리고 경영분석의 기초자료에 관한 내용을 다루었다. Part 2에서는 본격적으로 양적경영분석인 재무비율분석을 다루는 장으로 구성하였다. 유동성 비율과 수익성 비율, 활동성 비율, 레버리지 비율, 생산성 비율 그리고 성장성 비율과 주식관련 비율을 다루었다. 또한 이미 분석한 재무비율을 가지고 서로 비교하여 종합적으로 분석할 수 있도록 종합 분석하는 방법을 제시하였다. Part 3은 기타분석과 질적 경영분석을 다룬 편으로, 레버리지 분석과 손익분기점 분석에 관한 내용을 다루었으며, 질적 경영분석에 대해 논의하였다. Part 4에서는 기업부실과 기업의 M&A를 중심으로 기술하였는데, 기업부실의 원인을 파악하고, 아울러 기업의 인수와 합병에 관한 의의와 전략에 대해 기술하였다. 마지막으로 Part 5에서는 기업신용조사와 주식평가에 관한 내용으로 기업신용조사 분석과 효율적 시장, 그리고 주식가치평가에 대한 내용을 중심으로 다루었다.

본서에서는 기업의 경영상태를 분석하는 데 도움이 되고자 경영분석에 관한 새로운 내용을 보충하였고, 지속적으로 매학기 강의노트를 보완하는 작업이 반복적으로 진행되어 왔지만, 아직까지도 다 채우지 못한 여백에 대해서는 계속 보완해 나가야 할 과제로 남겨놓으며 아울러 독자들의 조언도 함께 당부 드린다. 그리고 집필과정에서 선지식(善知識)인들이 주신 인용의 기회에 대해 깊이 감사드린다. 이러한 과정에서 이미 출간된 훌륭한 경영분석의 교재와 전문서적의 도움이 없었더라면 본서의 집필이 불가능했으리라 생각되기에 거듭 감사드린다.

본서의 특징을 요약하면 다음과 같다.

첫째, '경영분석'에 대한 내용을 알기 쉽도록 구성하였다. 전체적인 구성은 독자들이 미시적인 내용보다는 거시적인 틀 속에서 전체를 먼저 살피는 데 도움이 되도록 노력을 기울였다. 따라서 경영분석을 요하는 업무에 관련되어 있는 분들뿐만 아니라 처음으로 경영분석과목을 접하는 분들도 커다란 어려움 없이 이해를 도울 수 있도록 알기 쉽게 구성하였다.

둘째, 경영분석에 대해 탄탄한 지식을 쌓고 이론을 습득할 수 있도록, 양적 경영분석을 위한 내용과 아울러 질적 경영분석을 위한 내용을 균형 있게 다루었으며, 실무에 적용할 수 있도록 예제를 포함하여 내용을 구성하였다. 또한 경영분석과 관련되어 이슈가 되는 주요 화두를 학습할 수 있는 장을 마련하였다. 즉, 학습을 하는 중간 중간에 [함께 생각하기], [보충설명] 그리고 [쉬어가기] 코너를 마련하여 경영분석에 대해 스스로 생각해 보고 추론을 통하여 결과를 도출할 수 있는 여백을 마련하였다.

셋째, 시간적인 제약 속에서 생활하는 독자들을 위하여 내용의 구성형식은 가능한 긴 서술형의 내용을 지양하고 핵심내용을 중심으로 정리하는 방식으로 구성하였다. 따라서 경영분석에 대한 체계를 핵심 위주로 간략하게 정리할 수 있게 구성하였다. 그리고 각 장의 말미에는 [심화학습]을 두어 각장과 관련된 시사적인 화두를 다시 생각할 수 있는 코너를 마련하였다.

넷째, 스스로 학습내용을 점검할 수 있도록 각 장이 끝나는 말미에 [퀴즈문제]를 제공하였다. 또한 본문에 대한 [요점정리]를 간략하게 제공하였고, 학생들로부터 새로운 용어에 대한 해설의 필요성을 여러 차례 요청받았기에 [용어정리]를 덧붙여 제공하였다.

마지막으로 이 책이 출간되기까지 많은 분들의 수고가 있었다. 먼저 출간을 허락해 주신 한국학술정보(주) 채종준 사장님께 감사를 드린다. 또한 편집과 교정을 맡아 주신 편집부 직원 여러분들과 표지를 디자인해 주신 디자인부 직원 여러분들께도 심심한 사의를 드린다. 그리고 항상 변함없이 따뜻한 사랑으로 응원을 보내주는 우리 가족에게도 감사함을 전한다.

2011년 5월
태성원에서 임태순

기업과 경영분석

학습목표

1. 기업경영의 차원에서 반드시 요구되는 기업경영을 분석하여 봄으로써 기업을 둘러싸고 있는 이해관계자들이 필요로 하는 각종 정보를 제공하는 경영분석의 필요성과 의의를 이해하는 데 일차적인 학습목표를 둔다.
2. 경영분석에 필요한 경영정보에는 어떤 종류가 있으며 실무적인 차원에서 실행되는 경영분석에는 어떤 것들이 있는가에 대해 살펴본다.
3. 마지막으로 서로 다른 개념의 경영분석에는 어떤 개념적인 차이가 있는지 알아본다.

제1장 경영분석의 의의

1. 기업경영의 이해

☞ 함께 생각하기 ☜

경영분석에 대한 강의에 앞서서 경영에 대해 생각해 봅시다. 경영분석이란 기업경영 차원에서 경영에 대한 적절한 평가와 이를 토대로 미래의 경영실적을 예측하여 기업을 둘러싸고 있는 기업의 이해관계자들이 필요로 하는 각종의 정보를 제공해 주기 위한 방편으로 고안된 학문입니다. 따라서 경영분석의 수업에 들어가기에 앞서 경영에 대한 개념(기업차원)을 정리해 보고, 왜 경영분석을 필요로 하는가에 대해 생각해 보는 시간을 함께 갖도록 합시다.

이러한 논리적인 바탕을 기초로 하여 경영분석에 대한 기술적인 방법론(skill)을 정리해 가면서 경영분석 수업에 대한 발걸음을 한발씩 전진해 봅시다.

1.1 현대경영의 개관

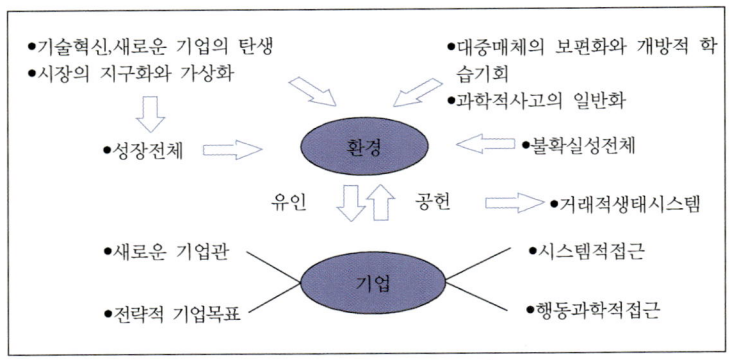

〈그림 1-1〉 기업의 경영활동[1]

① 경영이란 경영체의 경영활동을 합리적으로 수행하기 위한 모든
법칙을 연구하는 학문이다.

② 기업이란 환경과 상호작용하면서 성장과 발전(survival & growth)
을 도모하는 협동적인 생태시스템(eco-system)이다.

③ 기업은 이익극대화보다는 기업가치의 극대화를 추구한다. 이를
지탱하기 위해서는 "효율적(경쟁적)"이어야 한다. 효율적이란
유효성적인 측면과 능률성적인 측면이 모두 강조된 개념이다.

---

1) 임태순, 『경영학원론』, 2010, 한국학술정보(주), p.21.

⟨☞보충설명☜⟩

> **유효성**─유효성(effectiveness)적인 접근법이란 쉽게 표현하여 "결과중
> 심적인 사고(result oriented)"라고 볼 수 있다.
> **능률성**─능률성(efficiency)적인 접근법이란 쉽게 표현하여 "과정중심적
> 인 사고(process oriented)"라고 볼 수 있다.

2. 경영분석과 경영정보

2.1 개념

경영분석(business analysis)이란 기업의 이해관계자(interest group)들이 합리적인 의사결정을 내리는 데 도움을 주기 위해 필요로 하는 정보를 생산하고 제공하는 행위이다.

① 기업의 이해관계자들이 필요로 하는 정보는 현재뿐만 아니라 미래의 기업 경영에 관한 내용이나 재무적 건강상태(financial health)에 관한 유용한 정보를 생산하는 행위까지를 통칭하여 경영분석이라고 한다.

② 기업경영에 관한 정보를 얻기 위하여 오랫동안 가장 유용하게 사용한 기초자료는 재무제표(financial statement)이다. 재무제표 중에서도 재무상태표[혹은, 대차대조표(B/S: balance sheet)]와 손익계산서(I/S: income statement)가 주로 많이 사용되어 왔다. 이러한 이유에서 경영분석을 재무제표분석(financial statement analysis)

또는 줄여서 재무분석(financial analysis)이라고도 하나, 엄밀히 표현하면 경영분석은 재무제표분석을 포함하는 넓은 의미의 개념으로 볼 수 있다.

☞요약정리☜

전통적인 경영분석과 현대적 경영분석
① 전통적 경영분석: 재무제표분석, 재무분석
　　예) 유동성분석, 수익성분석
② 현대적 경영분석: 전통적인 경영분석뿐만 아니라 좀 더 광범위한
　　접근법
　　예) 신용분석, 증권분석, 세무분석

2.2 경영정보의 수요

경영정보를 필요로 하는 자는 기업경영과 관계된 이해관계자집단으로부터 찾을 수 있다. 기업을 둘러싼 이해관계인을 채권자(bondholder), 증권투자자(stockholder), 경영자(manager), 정부(government), 그리고 종업원(worker)으로 나누어서 이들이 필요로 하는 정보에는 어떤 것들이 있는지 살펴보자

① 채권자(bondholder): 금융기관, 거래처, 신용평가기관
　⇨ **신용분석(credit analysis)**
　채권자들은 채무자들에 대한 대출 결정에 앞서서 채무자들에 대한 원리금 지급능력, 자금사정, 신용도 등에 대한 정보내용을 필

요로 한다.

예) S&P, Moody's, Fitch IBC, 한신평…

② 주주(stockholder): 증권투자자, 증권분석기관

⇨ **증권분석(security analysis)**

주주들은 투자종목 선정 및 포트폴리오 구성을 위해 투자수익률 및 투자위험에 대한 정보를 필요로 한다.

예) 증권 애널리스트(analyst), 증권회사 연구소…

③ 경영자(manager): 최고경영자에서 중간경영자까지

⇨ **내부경영분석(inside business analysis)**

전략적 경영을 수행하기 위해 경영의 효율성과 재무효율성 등에 깊은 관심을 갖는다.

④ 정부(government): 정부 및 관련기관

⇨ **세무분석(tax analysis)**, 정부투자기관의 경영분석

사업의 공익성, 국민경제기여도 및 과세자료 등의 목적과 관련된 자료에 관심을 갖는다.

⑤ 종업원(worker): 종업원, 노동단체

⇨ **생산성 분석(productivity analysis)**

소속 기관의 생산성 및 성과배분을 위한 목적과 관련된 자료에 관심을 갖는다.

2.3 경영정보의 공급

☞ **정보와 자료의 차이**

① 정보(information): 필요로 하는 조건에 알맞게 이용할 수 있도록

가공되어진 상태의 자료.

② 자료(data): 가공되기 이전의 기초자료

기초자료(raw data) ⇨ 처리(processing) ⇨ 정보(information)

1) 자료의 원천에 따라

① 회계적 자료: 재무제표의 자료

☞ 함께 생각하기 ☜

재무제표를 이용한 재무분석을 하였을 경우, 생각할 수 있는 문제점에는 어떤 것들이 있을까요?

② 비회계적 자료: 자본시장자료(주식가격, 거래량), 제품시장자료 (시장점유율, 생산량), 요소시장자료(경영자에 대한 평판 등)

2) 계량화의 여부에 따라

① 양적 자료(quantitative data): 재무제표(대차대조표, 손익계산서, 현금흐름표 등…)와 증권시장자료(주가, 거래량 등…)
· 비율분석
· 현금흐름분석
· 레버리지 분석
· 증권시장의 자료분석(주가수익률 등…)
② 질적 자료(qualitative data): 일반환경자료(정치·사회환경, 법규,

제도환경)

- · 산업환경자료(진입장벽, 잠재적 경쟁자)
- · 경제환경자료(경기, 물가, 이자율, 환율 등)
- · 내부자원자료(인적, 물적, 재무적 자원)

3. 경영분석의 종류

3.1 전통적 재무분석

1) 비율분석(ratio analysis)

① 관계비율(유동성 비율, 수익성 비율)
② 추세분석(trend analysis)
③ 구성비율법

2) 실수분석(numerical analysis): 재무제표 수치를 그다로 사용함

① 증감법
② 현금흐름표 분석
③ 손익분기점 분석(BEP 분석-break even point analysis)

3.2 현대적 재무분석

① 전통적인 재무분석의 한계점을 극복하고자 질적 자료를 중시하

는 경향을 보인다.

② 과거보다 발달된 통계적 기업(예를 들면, time series analysis, cross-sectional analysis)을 이용하여 좀 더 발달된 예측을 시도한다.

☞ 함께 생각하기 ☜

현대적 재무분석에서 많이 이용되고 있는 질적 분석을 이용함에 있어서 가장 크게 대두되는 문제점에는 어떤 것들이 있을까요?

3.3 경영분석, 재무분석, 비율분석 비교

〈표 1-1〉 경영분석, 재무분석, 비율분석의 비교

구분	양적 자료	질적 자료
비율분석	재무제표	해당 없음
재무분석	재무제표+증권시장자료	해당 없음
경영분석	재무제표+증권시장자료	포함함

■ 심화학습 ■

KMAC '2011년 한국에서 가장 존경받는 기업' 선정[2]

■ 삼성전자가 2011년 한국에서 가장 존경받는 기업으로 선정됐다

포스코, 유한킴벌리, 현대자동차, 유한양행, SK텔레콤은 지난해에 이어 올해도 존경받는 기업 상위권에 이름을 올렸다. 한국능률협회컨

---

2) 『매일경제신문』, 2011. 2. 21.

설팅(KMAC)은 21일 '2011년 한국에서 가장 존경받는 기업' 조사 결과를 발표했다.

'한국에서 가장 존경받는 기업'은 기업 전체 가치를 종합적으로 평가하는 조사로 2004년 시작해 올해로 8회째를 맞이했다. 조사는 KMAC가 한국적 상황에 맞게 개발한 조사방법론을 바탕으로 30대 기업을 선정하는 'All Star 기업'과 산업별로 존경받는 기업을 선정하는 '산업별 1위 기업' 두 가지로 진행됐다.

■ 어떻게 선정했나

존경받는 기업 조사는 지난해 10월부터 올해 1월까지 산업계 간부 5,200명, 증권사 애널리스트 230명, 일반 소비자 4,560명 등 총 9,990명을 대상으로 설문조사를 통해 이뤄졌다. 평가 분야는 혁신능력, 주주가치, 직원가치, 고객가치, 사회가치, 이미지가치 등 총 6개 항목이다. 올해는 냉장·냉동육, 신재생에너지, 자동차정비, 사이버대학, 항공, IT솔루션 등 6개 산업에 대한 신규 조사가 이뤄졌다. 이립 KMAC 경영전략본부장은 "존경받는 기업이 되기 위해서는 지속적인 성장전략과 성과와 연계한 전략적 사회공헌 활동이 필요하며, 이는 경영의 개선 포인트를 짚어내고 업무 효율화를 위한 워크스마트를 추진함과 동시에 꾸준한 커뮤니케이션 활동을 연계했을 때 가능하다."라고 조언했다.

한국에서 가장 존경받는 기업		산업별 존경받는 1위 기업	
순위	All Star 기업	산업군	기업
1	삼성전자	섬유(면방직)	일신방직
2	포스코	시멘트	한일시멘트
3	유한킴벌리	타이어	한국타이어
4	현대자동차	가정용보일러	린나이코리아
5	유한양행	냉장/냉동육	하림
6	SK텔레콤	도시가스	삼천리
7	현대중공업	편의점	GS 리테일(GS 25)
8	안철수연구소	TV홈쇼핑	GS SHOP
9	LG 전자	해운서비스	STX 팬오션
10	삼성생명보험	교육서비스	대교
11	LG 화학	신용카드	신한카드
12	풀무원	인터넷쇼핑몰	G 마켓
13	인천국제공항공사	종합병원	서울아산병원
14	대한항공	콘도미니엄	대명레저산업
15	삼성울산	보증보험	한국주택금융공사
16	삼성에버랜드	IT 솔루션	인텔코리아
17	아모레퍼시픽	발전	한국수력원자력
18	삼성증권	건설공기업	한국철도시설공단
19	아시아나항공	연기금운용	국민연금공단
20	신세계	검사검증	교통안전공단
21	한국전력공사	생활가전	삼성전자 생활가전사업부
22	홈플러스	철강	포스코
23	삼성 SDS	제약	유한양행
24	기아자동차	통신서비스	SK 텔레콤
25	한국쓰리엠	생명보험	삼성생명보험
26	삼성화재해상보험	SOC 시설관리	인천국제공항공사
27	신한은행	건설	삼성물건
28	웅진코웨이	할일점	신세계 이마트
29	포스코건설	은행	신한은행
30	두산중공업		

* 아래의 내용이 맞으면 T, 틀리면 F를 빈칸에 넣어 주세요.

1. 경영분석(business analysis)이란 기업의 이해관계자(interest group) 들이 합리적인 의사결정을 내리는 데 도움을 주기 위해 필요로 하는 정보를 생산하고 제공하는 행위이다. (   )

2. 경영분석을 재무제표분석(financial statement analysis) 또는 줄여서 재무분석(financial analysis)이라고도 한다. (   )

3. 현대경영분석에서는 기업의 이해관계자들에게 적절하고 유용한 정보를 공급하기 위하여 질적 자료를 포함하는 티회계적인 자료 를 많이 이용하고 있으며, 한층 더 발달된 통계적인 기법의 도입 으로 미래예측에 관한 범위를 점차 확대해가고 있는 실정이다. ( )

[정답] 1. (T) 2. (T) 3. (T)

[요점정리]

1. 경영분석(business analysis)이란 기업의 이해관계자(interest group) 들이 합리적인 의사결정을 내리는 데 도움을 주기 위해 필요로 하는 정보를 생산하고 제공하는 행위이다. 즉 기업이해관계자들 의 의사결정에 도움이 되는 현재와 미래의 기업경영내용, 재무

적 건전성을 분석하는 것이다.

2. 기업경영에 관한 정보를 얻기 위하여 오랫동안 가장 유용하게
   사용되는 기초자료는 재무제표(financial statement)이다. 재무제표
   중에서도 대차대조표(balance sheet: B/S)와 손익계산서(income statement:
   I/S)가 주로 많이 사용되어 왔다. 이러한 이유에서 경영분석을 재
   무제표분석(financial statement analysis) 또는 줄여서 재무분석(financial
   analysis)이라고도 하나, 엄밀한 의미에서의 경영분석은 재무제표
   분석을 포함하는 넓은 의미의 개념으로 볼 수 있다.

3. 전통적인 재무제표분석에서는 주로 재무비율분석과 같은 단순
   한 방법을 이용하여 왔으나, 현대경영분석에서는 기업의 이해관
   계자들에게 적절하고 유용한 정보를 공급하기 위하여 질적 자
   료를 포함하는 비회계적인 자료를 많이 이용하고 있으며, 한층
   더 발달된 통계적인 기법의 도입으로 미래예측에 관한 범위를
   점차 확대해 가고 있는 실정이다.

[용어정리]

① 유효성

유효성(effectiveness)적인 접근법이란 쉽게 표현하여 "결과중심적인
사고(result oriented)"라고 볼 수 있다.

② 능률성

능률성(efficiency)적인 접근법이란 쉽게 표현하여 "과정중심적인 사고(process oriented"라고 볼 수 있다.

③ 정보(information)

필요로 하는 조건에 알맞게 이용할 수 있도록 가공되어진 상태의 자료(data)

[참고문헌]

강영수,『재무분석 기초 끝내기』, 2010, 한솜미디어
김성민,『재무분석』, 2007, 새로운 제안
김철중,『재무분석』, 2010, 한국금융연수원
이건희,『재무분석』, 1999, 학문사
이의경,『재무분석』, 2008, 신론사
임태순,『경영학원론』, 2010, 한국학술정보(주)
임태순,『금융시장』, 2010, 한국학술정보(주)
임태순,『재무관리』, 2011, 한국학술정보(주)
장영광,『경영분석』, 1999, 무역경영사

1. 경영분석에서 보편적으로 많이 이용하는 기업관계 자료인 재무제표 중에서 일정시점의 재무상태를 나타내는 재무상태표(舊, 대차대조표)에 대해 학습한다.
2. 기업의 일정 기간의 경영성과를 집약해 놓은 손익계산서에 대한 이해를 도모하고 학습한다.
3. 비회계적인 경영분석자료를 내부자료와 외부자료로 나누어서 정리해 보는 시간을 갖는다. 또한 비교의 대상이 되는 표준비율의 종류에 대해 학습한다.

제2장 경영분석의 기초자료

1. 재무상태표

☞ 함께 생각하기 ☜
재무상태표[또는, 대차대조표(B/S)][3]란 무엇일까요?

(혹시라도 아직 회계과목을 수강하지 못하신 분이나 관련된 실무에 있지 않아서 마음이 편치 않다면 같이 연구해 봅시다.)

1.1 재무상태표(혹은, 대차대조표)의 구조와 내용

① 대차대조표(B/S: Balance Sheet)는 일정시점(결산시점)에서 기업의 재무상태를 표시하기 위하여 작성되는 재무제표이다. 따라서 기업에서 요구되는 자본의 조달과 운영을 표시하여 기업의 재무상태를 나타내는 표이다.

② 기본형식은 **왼쪽(차변)의 합=오른쪽(대변)의 합**

---

3) 재무상태표(statement of financial position)는 특정시점에 기업의 재무상태를 나타내는 표로 자산(왼쪽)과 부채와 자본(오른쪽)의 형태로 구성된다. 이와 같이 구성되는 형태의 특성으로 재무상태표는 대차대조표(B/S: balance sheet)라고도 부른다. 본서의 부록 1. 재무제표에 대한 이해를 참조하기 바란다.

③ 즉, **자산=부채+자본**의 대차대조표 등식이 성립한다.

〈표 2-1〉 재무상태표 예시[4]

재무상태표

한국제조(주)　　　　　　　201×년 12월31일 현재　　　　　　　(단위: 백만원)

자산		부채 · 자본	
자산		부채	
Ⅰ.유동자산	499.287	Ⅰ.유동부채	442.762
(당좌자산)	364.254	1.매입채무	105.580
1.현금 및 현금성자산	64.369	2.단기차입금	140.119
2.단기금융자산	63.509	3.유동성장기부채	31.953
3.매출채권	170.162	4.기타유동부채	165.440
4.기타	66.214		
(재고자산)	135.033	Ⅱ.비유동부채	202.150
		1.장기차입금	91.868
Ⅱ.비유동자산	668.973	2.화사채	43.370
1.투자자산	183.704	3.퇴직급여채무	19.496
2.유형자산	425.407	4.기타 비유동부채	47.416
토지	126.416	(부채총계)	644.912
건축물	112.618		
기계장치	122.679	Ⅰ.자본금	102.474
기타	63.694	Ⅱ.자본잉여금	128.235
3.무형자산	59.864	Ⅲ.자본조성	-25.016
		Ⅳ.기타포괄손의누계액	42.453
		Ⅴ.이익잉여금	275,205
		(자본총계)	523.351
자산총계	1.168.263	부채와 자본총계	1.168.263

---

4) 장영광, 『경영분석』, 2010, 무역경영사, p.29.

☞보충설명☜

> 대차대조표의 차변은 운용(use)에 관련된 사항이고, 대변은 원천(source)에 관계된 사항이다. 또한 재무관리적인 측면에서 차변은 투자(investment)에 관련된 사항이고 대변은 자금조달(financing)에 관련된 사항이다.

1.2 분석의 초점

① 기업의 유동성(liquidity) 평가의 기초

☞보충설명☜

> 기업의 자산구성(asset structure)과 관련하여 유동자산과 고정자산의 구성비 혹은 칵테일(cocktail)은 기업의 유동성을 평가하는 기초자료가 되는데, 이에 대한 분석은 업종에 따라, 기업의 특성에 따라 해석의 주의가 요망된다.

② 기업의 안정성(safety) 평가의 기초

보충설명

기업의 자본구성(capital structure)과 관련하여 자금조달의 방식에서
부채로 할 것인가 아니면 자기자본으로 할 것인가, 또는 부채의 구성도
유동부채로 충당할 것인가 아니면 고정부채로 충당할 것인가의 문제
로 상황에 따라 결정되어야 하고 해석에도 주의가 요망된다.
예) 높은 부채의존도라도
△EAT(세후 수익률 증가율)〉△Kd(부채에 의한 비용) ⇨ 투자결정

1.3 문제점

① 일정 기간의 횡단면분석(cross-section analysis)의 한계점을 갖는다.
  즉, 대차대조표(B/S: balance Sheet)는 일정시점(결산시점)에서 기업
  의 재무상태를 표시하기 위하여 작성되는 재무제표이기에 보완
  의 필요성이 제기된다. 즉 저장(stock)의 개념을 흐름(flow)의 개념
  으로 보완이 요구되고 기술적으로는 평균법 등을 쓰고 있다.
  예) 연말의 밀어내기 수출 등, 따라서 주가의 경우는 평균주가
    로 보완
② 장부가치와 실제가치의 차이가 있으므로 해석상의 주의가 필요하다.
  예) 특히 고정자산의 경우
③ 질적 분석으로 보완되어야 한다. 예를 들면 경영자의 창의성,

비전설정, 지적능력과 무형자산의 평가 등을 통하여 보완이 요망되나 질적 분석도 미래의 가능성(신호효과: signaling effect)이지 결과가 아니란 점을 유의할 필요가 있다.

2. 재무제표: 손익계산서

☞ 함께 생각하기 ☜

손익계산서(I/S)란 무엇일까요?

(혹시라도 아직 회계과목을 수강하지 못하신 분이나 관련된 실무에 있지 않아서 마음이 편치 않다면 같이 연구해 봅시다.)

〈표 2-2〉 손익 계산서의 구조

손익 계산식

매출액
-매출원가

매출총이익(gross profit)
-판매비, 관리비

영업이익(EBIT)
-영업외 수익(+)·비용(-)

법인세비용차감전순이익
-특별이익(손실)
-법인세

당기순이익(EAT)

2.1 손익계산서의 구조와 내용

① 손익계산서(I/S: Income statement)는 일정 회계 기간의 영업성과를 집약적으로 표시한 재무제표로 일정 기간의 경영성과를 명백하게 표시하는 보고서이다.
② 기본형식은 **순손익=수익-비용**

2.2 분석의 초점

① 당기순이익(EAT)의 증감변화에 주목
② 비용-구조(cost structure)의 변화에 주목
예) 매출액에 대해 각 비용항목이 차지하는 비율을 백분율로 구해 보고 추세분석과 더불어 비용항목의 증가나 감소에 대한 분석의 필요성

2.3 문제점

① 회계처리 방법의 다양성
선입선출법(FIFO), 후입선출법(LIFO) 등의 기술적인 방법론에 따라 동일하게 발생된 거래에 대해 다른 자료가 제공되어 다른 해석이 될 수 있다.
② 재무제표는 회계적 수익과 현금흐름관점의 유동성과는 차이가 존재한다.

손익계산서

한국제조(주)	201×년 1월 1일부터 201×년 12월 31일부터까지		(단위: 백만원)
Ⅰ. 매출액			1.263.1274
Ⅱ. 매출원가			1.0493244
Ⅲ. 매출총이익			213.883
Ⅳ. 기타수익	7.595		
이자수익	36.422		
외환차익	59.578		
기타수익	18.037		
Ⅴ. 판매비	8.748		
운송비	2.688		
광고선전비	15.131		
대손상각비	41.706		
지급수수료	2.515		
Ⅵ. 관리비	2.002		
관리사원급여	3.810		
임차료	11.805		
세금과 공과	33.006		
감가상각비			103.595
연구개발비	17.902		
기타	41.725		
Ⅶ. 영업이익	78.785		44.604
Ⅷ. 금융비용(영업외비용)			94.844
1.이자비용			178.030
2.외환차손			137.412
3.기타비용			40.618
Ⅸ. 법인세비용차감전순이익			10.044
Ⅹ. 법인세비용			30.574
Ⅺ. 계속사업이익			429

5) 장영광, 『경영분석』, 2010, 무역경영사, p.37.

예를 들면 외상매출의 경우, 현금유입이 없음에도 회계에선 매출 수익이 이익에 계산되어 당기순이익과 자금사정이 넉넉하다는 괴리를 발생시킨다.

③ 재무제표의 신뢰성(reliability)과 관련된 문제이다.

분식회계 등과 같은 회계자료에 대해 마사지를 가해 당기순이익에 분칠을 하는 것과 같은 신뢰성을 저해하는 행위 등을 들 수 있다.

예) 한국: 회계법인들의 퇴출

감사의견에 적정 의견, 한정 의견, 부적정 의견 또는 의사 거절

미국: 분식회계(2002년). 엔론사태

☞보충설명☜

> 통상적으로 많이 이용되는 영어로, "Garbage in, Garbage out(쓰레기 재료는 쓰레기제품을 양산한다)"을 곱씹어 보게 한다.

3. 비회계적인 자료

3.1 개념과 종류

1) 개념

비회계적인 자료는 비율분석에서 주로 사용되는 재무제표의 자료 이외에 경영분석에 요구되는 자료를 의미하며, 이러한 자료는 주로 질적인 자료가 주류이지만 양적인 자료(예: 경제동향 등)까지를 포함

한다. 비회계적인 자료는 자료의 제공자가 기업 내부에 있는지 외부에 있는지에 따라 내부자료와 외부자료로 나눈다.

2) 종류

① 내부자료

기업내부에서 제공될 수 있는 자료로서 기업의 경영전략과 경영자 관리 기능으로 나누어 볼 수 있다.

ⓐ 기본자료: 기업형태, 기업의 사명과 설립목적, 회사의 정관, 회사의 역사 등
ⓑ 경영전략: 장기경영목표, 주요방침, 환경변화에 대한 분석, 제품별, 시장별 경쟁력 분석
  · 신제품, 신시장 개발계획
  · 부문별 경영계획 및 목표
ⓒ 인사조직: 조직의 형태
  · 직무분석자료
  · 인원현황, 인력수급계획
  · 인력개발, 복지후생
  · 인사고과, 노사관계
ⓓ 재무관리: 예산편성
  · 자본예산, 손익계산자료
  · 거래은행 및 거래실적
  · 원가계산
ⓔ 생산관계: 제품별 생산실적과 계획

- 주요 제조공정
- 생산능력
- 품질관리
- ⓕ 마케팅: 광고 및 판매촉진
- 가격정책

② 외부자료

기업의 외부에서 제공받을 수 있는 자료로서 경제와 산업, 그리고 기업 관련자료 등을 의미한다.

〈표 2-4〉 외부 자료에 대한 이해

자료구분	내용	제공처
경제동향	• 경제지표 • 성장률, GDP, 물가 • 경기변동지표 • 실업지수, 생산지수 • 금융통계 • 통화량, 이자율	• 기획재정부(前 재정경제부) • 한국은행
증권시장	• 증권시장통계 • 주가지수, 거래량 • 투자자료 • PER, 채권수익률 • 개별기업정보 • 상장회사개요, 재무비율	• 금융감독원 • 한국거래소(前 증권거래소) • 주요 증권회사

3.2 문제점

① 계량화의 문제점
② 객관화의 문제점

3.3 표준비율

① 이상적 표준비율(ideal bench marks)

양호하다고 판단되어 통념적으로 인정되고 사용되어온 기준을
의미한다.

예) 자기자본비율(50% 이상), 유동비율(100% 이상), 고정비율
(100% 이하) 등

② 산업표준비율(industry average ratios)

산업표준비율을 이용하면 업종 간 상호비교가 편리한 강점이
있다.

예) 0100-0200: 농업, 어업, 수렵업

1500-3700: 제조업

③ 경쟁기업

같은 업종, 같은 경제여건의 경쟁기업과 비교함으로써 SWOT
분석을 가능케 한다.

④ 초우량기업

벤치마킹의 대상으로 이용된다.

IFRS 영업권 평가 반드시 주석 확인을[6]

한경 · 한국회계학회 심포지엄
투자자산 '수치 왜곡' 주의
"다양한 보조지표 개발" 지적도

　오는 5월부터 국내 2,000여 개 상장사와 비상장 금융회사가 1분기 재무제표를 새 회계원칙인 국제회계기준(IFRS)에 따라 공시하게 됨에 따라 무형자산인 영업권의 가치평가에 주목해야 할 것으로 지적됐다. 기업 간, 업종 간 실적의 비교 가능성을 높이기 위해 다양한 보조지표를 개발해야 한다는 제언도 나왔다.

　한국경제신문이 23일 한국CFO협회, 한국회계학회, 한국XBRL본부와 공동으로 서울 명동 은행회관 국제회의장에서 개최한 'IFRS(국제회계기준) 기반의 재무제표분석과 기업가치평가' 심포지엄에서 전문가들은 달라진 회계기준으로 재무제표 수치가 왜곡될 가능성이 있다며 투자자들의 주의를 촉구했다.

　지현미 계명대 회계학과 교수는 이날 'IFRS재무제표분석 시 한국회계기준(K-GAAP)과 달라지는 점 및 유의사항'이란 주제발표를 통해 무형자산인 영업권의 가치가 어떻게 평가되는지를 잘 살펴봐야 한다고 지적했다. K-GAAP에서는 영업권에 대해 정액법에 따라 20년 이내

---

6) 『한국경제신문』, 2011. 2. 23.

상각하도록 했으나 IFRS에서는 기말에 손상 여부를 평가, 영업권의 가치를 판단하도록 하고 있기 때문이다.

예컨대 영업권이 100원이었다면 K-GAAP에서는 매년 5원씩 상각해 비용으로 처리했으나 IFRS에서는 영업권이 얼마인지를 매년 실질적으로 평가해 손상된 만큼 비용처리를 하는 것이다. 지 교수는 "유럽의 경우 IFRS 신규 적용 기업의 70%가 자산이 줄었는데 이 중 3분의 1이 영업권 관련 손상이었다."라며 "기업이 영업권의 손상 여부를 제대로 평가하지 않는다면 비용이 줄어 순이익을 부풀리는 효과를 낼 수 있는 만큼 영업권 평가에 대한 주석의 세부사항을 반드시 확인해야 한다."라고 설명했다.

수치 왜곡문제는 투자부동산과 금융자산에서도 발생할 수 있다는 지적이다. 지 교수는 "평가가 적절했는지 주석을 통해 판단해야 할 것"이라고 덧붙였다.

IFRS의 도입으로 기업별 또는 기간별 비교 가능성이 저하된다는 지적도 제기됐다. 상장회사라도 자산이 2조 원 미만인 경우에는 2013년까지 분·반기 연결 재무제표를 공시하지 않아도 되기 때문이다.

오용진 딜로이트안진 이사는 "연결 기준으로 작성되는 만큼 개별 기업 간 비교 가능성이 떨어지며 업종별 비교를 할 때도 당분간은 혼란이 생길 수밖에 없다."며 "다양한 보조지표 개발이 필요하다."고 말했다.

* 아래의 내용이 맞으면 T, 틀리면 F를 빈칸에 넣어 주세요.

1. 대차대조표(B/S: Balance Sheet)는 일정시점(결산시점)에서 기업의 재무상태를 표시하기 위하여 작성되는 재무제표이다. 따라서 기업에서 요구되는 자본의 조달과 운영을 표시하여 기업의 재무상태를 나타내는 표이다. (   )

2. 손익계산서(I/S: Income statement)는 일정 회계 기간의 영업성과를 집약적으로 표시한 재무제표로 일정 기간의 경영성과를 명백하게 표시하는 보고서이다. (   )

3. 비회계적인 자료는 비율분석에서 주로 사용되는 재무제표의 자료 이외에 경영분석에 요구되는 자료를 의미하며, 주로 질적인 자료가 주류인데, 어떻게 계량화할 것인가 하는 문제점을 가지고 있다. (   )

[정답] 1. (T) 2. (T) 3. (T)

[요점정리]

1. 대차대조표(B/S: Balance Sheet)는 일정시점(결산시점)에서 기업의 재무상태를 표시하기 위하여 작성되는 재무제표이다. 따라서 기업에서 요구되는 자본의 조달과 운영을 표시하여 기업의 재무상

태를 나타내는 표로서, 자산=부채+자본의 등식이 성립한다. 대차대조표 분석의 초점은 기업의 유동성 평가와 안정성 평가의 기초가 된다. 한계점으로는 흐름이 아닌 일정시점의 상태를 기준으로 한다는 점이 있다.

2. 손익계산서(I/S: Income statement)는 일정한 회계기간 동안의 영업성과를 집약적으로 표시한 재무제표로 일정 기간의 경영성과를 명백하게 표시하는 보고서로 기본형식은 순손익=수익－비용 형식이다. 회계자료의 신뢰성에 대한 문제점을 지닌다.

3. 경영분석을 위한 비회계적인 자료로는 양적자료도 있지만, 주로 질적 자료가 주종이며 자료의 원천에 따라 기업내부의 내부자료와 경제동향과 증권자료와 같은 외부자료로 나뉜다. 비교대상이 되는 표준비율로는 이상적 표준비율, 산업표준비율, 그리고 경쟁사와 초우량기업과 비교하는 비율 등이 있다.

[용어정리]

① SWOT 분석

강점(Strength), 약점(Weakness), 기회(Opportunity), 위협(Threat)의 관점에서 분석을 시도하는 방법이다.

② 대차대조표(B/S: Balance Sheet)

일정시점(결산시점)에서 기업의 재무상태를 표시하기 위하여 작성

되는 재무제표

③ 손익계산서(I/S: Income Statement)

일정 회계 기간의 영업성과를 집약적으로 표시한 재무제표

[참고문헌]

강영수, 『재무분석 기초 끝내기』, 2010, 한솜미디어

김성민, 『재무분석』, 2007, 새로운 제안

김철중, 『재무분석』, 2010, 한국금융연수원

이건희, 『재무분석』, 1999, 학문사

이의경, 『재무분석』, 2008, 신론사

임태순, 『경영학원론』, 2010, 한국학술정보(주)

임태순, 『금융시장』, 2010, 한국학술정보(주)

임태순, 『재무관리』, 2011, 한국학술정보(주)

장영광, 『경영분석』, 2010, 무역경영사

Part 2

재무비율분석

학습목표

1. 재무비율분석의 특징에 대해 살펴보고 비율분석의 분석방법에 따른 분류와 비율분석의 종류와 쓰임새에 대한 이해를 도모하는 데 학습목표를 둔다.
2. 유동성 비율에 대한 연구로서 유동성 비율을 나타내는 종류와 기술적 방법, 그리고 시사점을 살펴보는 데 학습목표를 둔다.
3. 수익성 비율에 대해 연구하는 것을 학습목표로 두고 수익성 비율을 나타내는 종류와 기술적인 방법, 그리고 시사점을 공부한다.

제3장 재무비율분석 Ⅰ

1. 재무비율분석

1.1 비율분석의 특징

1) 장점

① 이용하기 쉽다(easy).

② 비용이 저렴하다(low cost).

기존의 재무제표를 이용하기에 추가적인 비용의 지불이 없이도
이용할 수 있다.

③ 빨리(quick) 분석해 볼 수 있다.

단순한 비율을 분석하는 작업이기에 적은 시간으로도 분석이
가능하다.

④ 이용하기에 간편해서 매우 편리하다(convenient).

2) 단점

① 충분하지 않을 수 있다(not enough. This is not everything).
비율분석은 짧은 시간에 분석할 수 있는 장점이 있으나, 분석 자체가 우리에게 어떤 점을 시사할 수는 있지만 좀 더 정확한 분석을 위해서는 기타의 분석으로 보완할 필요가 있다.
② 회계자료의 문제점으로 신뢰성과 횡단면적인 문제점 등을 들 수 있다.

> 분식회계란?
> 분식회계란 말 그대로 얼굴에 화장을 바르듯이 회계장부를 화려하게 꾸미는 행위를 일컫는 말이다. 다른 표현으로 회계장부를 마사지한다는 표현도 사용된다.
> 예) 미국의 엔론(Enron) 사태 등

③ 분석이란 미래에 대한 예측을 위한 도구이다. 즉, 기업의 이해관계자들에게 필요로 하는 정보를 제공하여 의사결정에 도움을 주기 위한 절차인데, 과거의 지표로 미래를 예측하는 오류의 발생가능성이 존재한다.

1.2 분석방법에 의한 분류

① 구성비율(component ratios)

구성비율은 전체비율에 대한 백분율로 표시하여 비교하는 방식
으로 대차대조표(B/S)는 총자산, 손익계산서(I/S)는 매출액을 100
으로 하여 구성비율을 구하여 비교하는 방식이다.

② 관계비율(relative ratios)

관계비율은 비교되는 항목의 비교를 통하여 비교대상의 비율과
비교하는 데 사용되는 비율이다.

1.3 비율분석의 종류

〈표 3-1〉 비율분석에 대한 정리

재무비율	정보내용	주요 비율
유동성	• 단기채무의 상환능력 자금사정	• 유동비율 • 당좌비율 • 순운전자본구성비율 • 방어기간비율
수익성	• 경영성과 이익창출능력	• 총자산이익률 • 자기자본순이익률 • 경영자산영업이익률 • 매출액이익률 • 수지비율
활동성	• 자산의 이용효율성 • 현금화 속도 • 자산투자의 적절성	• 총자산회전율 • 매출채권회전율 • 재고자산회전율 • 고정자산회전율
레버리지	• 채권보존의 안전도 • 원리금상환능력 • 안전도	• 부채비율 • 이자보상비율 • 고정비율 • 고정장기적합률

생산성	· 생산요소의 경영능률	· 부가가치비율 · 자본생산성 비율 · 노동생산성 비율
성장성	· 기업외형 · 수익력의 성장정도	· 매출액증가율 · 총자산증가율
주가	· 증권시장에서의 평가	· PER · PBS · Q-ratio

2. 유동성 비율

2.1 유동성 비율

유동성 비율은 기업의 단기채무에 대한 변제능력이나 자금사정에 대한 정보를 제공해 준다. 유동성(liquidity)이란 현금화할 수 있는 능력(가능성)을 의미하며, 주로 1년 이내에 현금화가 가능한 유동자산과 1년 이내에 변제를 필요로 하는 유동부채를 이용한 비교를 많이 사용한다. 유동성 비율을 이용하여 분석할 때 유의할 사항은 분석후의 시사점을 파악하는 데 주의가 요망된다는 점이다.

1) 유동 비율(liquidity ratio)

① 개념: 유동성 비율은 1년 이하의 단기채무(현금, 유가증권, 매출채권, 재고자산)의 상환능력을 보기 위한 비율이다.

② 관심: 단기신용제공자의 최대관심거리

③ 비율: 유동비율$=\dfrac{\text{유동자산}}{\text{유동부채}}$

④ 해석: 유동비율이 높을수록 단기채권자의 안전도가 높은 것을 의미이며 통념적으로 200% 이상이면 안전하다고 본다. 해석의 양면성을 이해할 필요가 있다.

☞ 함께 생각하기 ☜
높은 유동비율이 시사하는 바를 생각해 봅시다.
▷ 높은 비율은 높은 상환능력과 동시에 수익성의 저하를 의미할 수 있음

2) 당좌 비율(quick ratio, acid-test ratio)

① 개념: 단기채무의 상환능력을 평가하는 수단으로 유동비율보다는 보수적인 수단이다. 현금화의 속도가 늦고 불확실성이 높은 재고자산을 차감 당좌자산을 이용한다. 경기변동에 민감한 재고자산이나 진부화 속도가 빠른 재고자산의 유동성 파악 시 매우 효과적이다.
② 관심: 단기신용제공자의 최대관심거리
③ 비율:

$$당좌비율 = \frac{당좌자산}{유동부채} = \frac{유동자산 - 재고자산}{유동부채}$$

④ 해석: 당좌비율이 높을수록 단기채권자의 안전드가 높은 것을 의미이며 통념적으로 100% 이상이면 안전하다그 본다.

유동비율과 당좌비율 간의 함수관계가 다른 기업의 경우는 어떻게 해석해야할까요? 예를 들면, 유동비율은 양호한데 당좌비율은 불량한 경우는?

▷ 유동비율은 양호한데, 당좌비율이 불량하다는 것은 재고자산에 대한 과다한 투자를 의미하게 되므로 이에 대한 추가적인 분석이 요구된다.

3) 순운전자본 구성비율(component ratio of net working capital)

① 개념: 단기채무의 상환능력을 평가하는 수단으로 순운전자본(유동자산-유동부채)을 총자본에 대비시켜서 봄으로써 단기성 부채 충당 후 얼마의 여유가 있는가를 측정함으로 유동성 비율 중에서도 기업의 부실예측에 도움을 주는 비율로 평가된다.

② 관심: 단기신용제공자, 주식투자자의 관심거리

③ 비율:

$$\text{순운전자본 구성비율} = \frac{\text{순운전자본}}{\text{총자본}} = \frac{\text{유동자산} - \text{유동부채}}{\text{총자본}}$$

④ 해석: 유동비율이 높을수록 단기채권자의 안전도가 높은 것을 의미하며 낮을수록 기업이 부실함을 의미한다.

4) 방어기간(defensive interval)

① 개념: 준현금과 같은 당좌자산이 일상적인 영업비용의 지출을 얼마간 충당할 수 있는 규모인지를 파악하는 것으로 지급능력을 표시하는 동태적인 유동성 비율이다.

② 관심: 단기신용제공자의 관심거리

③ 비율:

$$방어기간 = \frac{유동자산 - 재고자산}{(매출원가 + 판매비와일반관리비 - 감가상각비)/365일}$$

$$= \frac{현금, 예금, 유가증권, 매출채권의합}{1일평균현금지출비용}$$

④ 해석: 방어기간 비율이 높을수록 안정적임을 의미하기에 단기 채권자의 안전도가 높은 것을 의미하고, 낮을수록 기업이 안정적이지 못함을 의미한다.

2.2 유동성 평가

■ 심화학습 ■

아래에 제시된 A기업과 B기업을 이용하여 두 기업에 대한 유동성을 평가해 보시오.

〈표 3-2〉 A기업과 B기업의 재무비율

비율	A기업			B기업		
	2006	2007	2008	2006	2007	2008
유동비율	173.5	168.4	133.9	79.8	77.5	74.0
당좌비율	102.9	87.9	82.0	38.5	40.0	50.5
방어기간	73.7	68.5	99.3	41.5	45.2	70.0

☞ **분석**

① A, B 기업모두 유동비율, 당좌비율이 모두 낮은 편이다.

② A기업의 유동성 비율은 B기업에 비하여 상대적으로 양호함을 보이고 있다.

③ A기업의 유동비율은 감소하는 경향을, B기업의 유동비율도 감소하는 경향을 보인다. A기업은 당좌비율의 감소, B기업은 당좌비율의 증가로 상대적으로 B기업의 재고자산의 감소폭이 큰 것으로 분석된다.

④ 동태적인 분석의 관점에서 A, B 기업 모두 2008년의 경우는 방어기간이 길어져서 자금사정이 호전되었음을 보이고 있다.

3. 수익성 비율

3.1 수익성 비율

수익성 비율은 투자자본에 대한 영업성과를 측정하는 분석의 도구이며, 아울러 기업차원에서 비용을 제외하고 이익을 창출해낼 수 있는 능력을 파악하는 자료라고 할 수 있다. 즉 채권자(bondholder)나 주주

(stockholder)로부터 조달된 자금이 소요되어 얼마만의 영업성과를 거두었는가를 나타내며 수익성 비율은 경영자(manager), 채권자(bondholder), 주주(stockholder), 근로자(worker)뿐만 아니라 정부(government) 등 기업의 이해관계자 모두가 관심을 가지는 항목이다.

$$투자수익률(ROI) = \frac{투자이익}{투자자본}$$

1) 총자산이익률(ROA: return on asset)

① 개념: 총자산이익률은 회계적 이익을 총자산으로 나누는 비율로서, 기업에 조달된 총자산에 대한 투자효율성을 평가하는 지표이다.

② 관심: 정부, 채권자, 주주, 경영자, 근로자

③ 비율:

$$총자산영업이익률 = \frac{영업이익(EBIT)}{총자산}$$

$$총자산순이익률 = \frac{순이익(EAT)}{총자산}$$

④ 해석: 총자산영업이익률이나 총자산순이익률 모두 높은 비율일수록 투자효율성이 높은 것을 의미하며, 영업활동의 측면에서는 총자산영업이익률이 중시되는 경향이 있다.

☞ 함께 생각하기 ☜

재무적인 효율성이 저하된 기업의 경우, 총자산영업이익률과 총자산순이익률 사이에 어떤 관계가 성립할까요?

▷ 재무적인 효율성이 저하된 기업은 비효율적인 이자비용 등으로 순이익이 줄어듦에 따라 총자산순이익률의 비율이 총자산영업이익률에 못 미치는 괴리현상을 보일 것이다.

⑤ 변형: (미국의 듀폰사에 의해 개발)
매출액순이익률×총자산회전율=총자산이익률(ROA)

$$\frac{\text{순이익}}{\text{매출액}} \times \frac{\text{매출액}}{\text{총자산}} = \frac{\text{순이익}}{\text{총자산}}$$

2) 자기자본순이익률(ROE: return on equity)

① 개념: 자기자본순이익률은 ROE비율이라고 하는데, 이는 자기자본에 대한 투자수익률을 나타낸다.
② 관심: 주주(수익성의 지표)
③ 비율:

$$\text{자기자본순이익률} = \frac{\text{순이익}}{\text{자기자본}}$$

④ 해석: 높은 자기자본순이익률은 주주들에게 호평을 받을 것이고 낮게 되면 주주들의 외면을 받게 될 것이다.

☞ 함께 생각하기 ☜
왜 자기자본순이익률이 중시될까요?
▷ 주주의 입장에서 배당의 우선순위가 다르기 때문이다.
① bondholder ② 우선주 주주 ③ 보통주 주주

3) 경영자산영업이익률(operating profits to operating assets)

① 개념: 영업이익을 경영자산으로 나눈 것으로서, 직접 영업활동
   에 투하된 자산의 수익성을 측정하는 비율이다. 경영자산은 기
   업의 총자산에서 비업무용 부동산, 건설 중인 자산 등과 같은
   비경영자산을 제외한 자산이다. 재벌그룹과 같은 비경영자산을
   많이 보유한 회사에 대한 영업실적의 평가에 유용하다.
② 관심: 주주, 경영자 등
③ 비율:

$$경영자산영업이익률 = \frac{영업이익}{경영자산}$$

④ 해석: 경영자산영업이익률이 높을수록 긍정적인 해석을 할 수 있다.

4) 매출액 이익률(ROS: return on sales)

① 개념: 매출액에 대한 이익률을 대비시켜 구하는 비율로서 매출
   액순이익률과 매출액 영업이익률 등이 있다.
② 관심: 경영자의 영업분석
③ 비율:

$$매출액영업이익률 = \frac{영업이익}{매출액}$$

$$매출액순이익률 = \frac{당기순이익}{매출액}$$

④ 해석: 매출액 이익률이 높을수록 경영자의 높은 영업실적을 의
   미한다.

⑤ 변형:

$$매출액영업이익률 = \frac{영업이익}{매출액} = \frac{매출총이익}{매출액} \times \frac{영업이익}{매출총이익}$$

영업효율성 = 생산효율성 × 경영효율성(ROA)

5) 수지비율

① 개념: 총관리비용의 효율성을 확인하는 비율이다.

② 관심: 영업의 효율성을 파악하기 위한 경영자

③ 비율:

$$수지비율 = \frac{총비용}{총수익}$$

④ 해석: 낮을수록 효율적인 조직을 의미한다.

국내은행 유동성, 바젤III 기준 미달[7]

국내 은행들이 앞으로 국제 금융규제 기준을 만족시키기 위해서는 안정적인 소매 예금 비율을 늘리고 국채와 우량 회사채 등 고유동성 자산 확보에 힘을 쏟아야 하는 것으로 나타났다.

바젤위원회는 16일 글로벌 금융위기 이후 새로 도입되는 국제 금융규제 기준인 바젤III가 은행에 미치는 영향을 평가한 결과를 공개했다. 바젤III는 2013년부터 단계적으로 적용된다.

국내 대형 은행들의 자본비율과 자본의 질은 기준치를 이미 초과할 정도로 우량한 상태였다. 국내 은행들의 보통주자본비율은 새 제도가 도입돼도 대형 은행 10.3%, 기타 은행 9.7%로 각각 기준치(7%)를 넘길 것으로 전망됐다. 기본자본(Tier1) 비율도 국내 대형 은행 10.4%, 기타 은행 10.0%에 이를 것으로 예상돼 기준치(8.5%)를 상회했다.

그러나 국내 은행들의 유동성 비율은 기준치에 못 미칠 것으로 예상됐다. 바젤III를 적용해 계산한 대형 은행들의 단기유동성 비율(LCR)은 작년 말 재무제표 기준으로 76%, 중장기유동성 비율(NSFR)은 93%로 각각 규제 수준 100%에 못 미쳤다. 이는 1그룹 평균 LCR 83%와 NSFR 93%보다 낮은 수준이다.

---

7) 『한국경제신문』, 2010. 12. 27.

* 아래의 내용이 맞으면 T, 틀리면 F를 빈칸에 넣어 주세요.

1. 유동성 비율은 기업의 단기채무에 대한 변제능력이나 자금사정
   에 대한 정보를 제공해 준다. (   )

2. 수익성 비율은 투자자본에 대한 영업성과를 측정하는 분석의 도
   구이며, 아울러 기업차원에서 비용을 제외하고 이익을 창출해
   낼 수 있는 능력을 파악하는 자료라고 할 수 있다. (   )

3. 자기자본순이익률은 ROE비율이라고 하는데, 이는 자기자본에
   대한 투자수익률을 나타낸다. (   )

[정답] 1. (T) 2. (T) 3. (T)

[요점정리]

1. 비율분석의 특징, 분석방법에 의한 분류, 그리고 비율분석의 종
   류에 대해 논의하였다.

2. 유동성 비율에 대해 논의하였고 유동비율, 당좌비율, 순운전자
   본비율, 방어기간 등에 대해 논의하였다.

3. 수익성 비율에 대해 논의하였고 총자산이익률, 자기자본순이익률, 경영자산영업이익률, 매출액이익률, 수지비율 등에 대해 논의하였다.

[용어정리]

① 구성비율(component ratios)

구성비율은 전체비율에 대한 백분율로 표시하여 비교하는 방식으로 대차대조표(B/S)는 총자산, 손익계산서(I/S)는 매출액을 100으로 하여 구성비율을 구하여 비교하는 방식이다.

② 관계비율(relative ratios)

관계비율은 비교되는 항목의 비교를 통하여 비교대상의 비율과 비교하는 데 사용되는 비율이다.

[참고문헌]

강영수, 『재무분석 기초 끝내기』, 2010, 한솜미디어
김성민, 『재무분석』, 2007, 새로운 제안
김철중, 『재무분석』, 2010, 한국금융연수원
이건희, 『재무분석』, 1999, 학문사
이의경, 『재무분석』, 2008, 신론사
임태순, 『경영학원론』, 2010, 한국학술정보(주)
임태순, 『금융시장』, 2010, 한국학술정보(주)
임태순, 『재무관리』, 2011, 한국학술정보(주)
장영광, 『경영분석』, 2010, 무역경영사

1. 재무비율분석 중에서 활동성 비율에 대한 개념을 이해하고 활동성 비율을 구하는 기술적인 방법론과 아울러 비율을 해석하고 시사하는 바를 추론해 내는 데 학습목표를 둔다(매출채권회전율).
2. 활동성 비율 중에서 총자산회전율, 재고자산회전율, 고정자산회전율을 나타내는 기술적 방법, 그리고 시사점을 살펴보는 데 학습목표를 둔다.
3. 레버리지 비율에 대해 연구하는 것을 학습목표로 두고 레버리지 비율을 나타내는 종류와 기술적인 방법, 그리고 시사점을 공부한다.

제4장 재무비율분석 II

1. 활동성 비율

1.1 활동성 비율

▷ 활동성 비율(activity ratios)은 특정자산이 얼마나 효율적으로 이용
   되는가를 평가하는 재무비율로서, 비율의 계산은 기업의 매출액
   을 평가하고자 하는 특정자산으로 나누어 회전율로 표시한다.

▷ 활동성 비율은 관리의 효율성 정도를 측정하기에 효율성비율
   (efficiency ratios), 자산관리비율(asset management ratios), 또는 회전
   율비율(turnover ratios)이라고도 한다.

▷ 활동성 비율의 시사점

① 특정자산이 현금화되는 속도를 시사

② 특정자산에 대한 투자의 적정성을 평가

③ 기업의 수익성에 미치는 영향분석(회전율과 마진은 陰의 상관관계)

1) 매출채권회전율(receivables turnover)

① 개념: 매출채권이 현금화되는 속도 또는 매출채권에 대한 자산 투자의 효율성을 측정하는 수단으로 이용된다.

② 관심: 경영자

③ 비율:

$$매출채권회전율 = \frac{매출액}{매출채권} = (회)$$

$$평균회수기간 = \frac{1}{매출채권회전율} \times 365일 = (일)$$

* 평균회수기간은 자금이 매출채권에 묶이는 평균일수

④ 해석: 매출채권회전율(평균회수기간)이 높다(낮다)는 것은 매출채권관리가 양호함을 의미할 수 있다.

⑤ 주의: 낮은 평균회수기간은 거래처 입장에서 보면 결제기간이 빠름을 의미한다.

☞ 함께 풀어봅시다 ☜

우리나라 제과업계를 양분하고 있는 롯데제과와 동양제과의 아래 자료를 가지고 활동성 비율을 구하고 해석해 보시오.

(예제 1)

〈표 4-1〉 롯데제과와 동양제과의 자료

(단위: 백만 원)

업체	롯데제과		동양제과	
연도	1996	1999	1996	1999
매출액	372,739	871,439	189,174	452,766
매출채권	71,439	76,786	60,745	82,522
매출채권 회전율	?	?	?	?
평균회수 기간	?	?	?	?

(답)

〈표 4-2〉 롯데제과와 동양제과의 활동성 비율

(단위: 백만 원)

업체	롯데제과		동양제과	
연도	1996	1999	1996	1999
매출액	372,739	871,439	189,174	452,766
매출채권	71,439	76,786	60,745	82,522
매출채권 회전율	5.2회	11.3회	3.11회	5.48회
평균회수 기간	70일	32일	117일	66일

▷ 1996년 기준으로

롯데제과는 1원의 매출채권을 투자하여 5원 20전의 매출

동양제과는 1원의 매출채권을 투자하여 3원 11전의 매출

⇨ 롯데가 효율적

▷ 회수일의 관점에서도 롯데(70일)가 동양(117일)코다 효율적이나
거래처에 자금압박을 줄 가능성이 존재하므로 윈윈(win-win)전
략을 수행하기 위해선 전략적 차원에서 목표회수기간의 설정과
수정의 필요성을 검토할 시점

2) 총자산회전율(total asset turnover)

① 개념: 매출액을 총자산으로 나눈 비율로서 기업보유 전체 자산에 대한 이용효율성을 의미한다. 즉 총자산 1단위당 실현하는 매출액의 크기를 의미한다.

② 관심: 경영자

③ 비율:

$$\text{총자산회전율} = \frac{\text{매출액}}{\text{총자산}} = (\text{회})$$

④ 해석: 총자산회전율이 높을수록 총자산에 대한 효율성이 높은 것을 의미하나, 상품의 마진이 낮을 가능성을 초래할 수 있다. 또한 자산재평가가 이루어진 지 오래된 경우에도 총자산회전율이 높게 나타날 수 있다.

☞ 함께 풀어봅시다 ☜

아래자료를 가지고 총자산회전율을 구하고 해석해 보시오.

(예제 2)

〈표 4-3〉 롯데제과와 동양제과의 자료

(단위: 백만 원)

업체	롯데제과		동양제과	
연도	1996	1999	1996	1999
매출액	372,739	871,439	189,174	452,766
총자산	583,047	830,623	384,812	492,823
총자산회전율	?	?	?	?

(답)

〈표 4-4〉 롯데제과와 동양제과의 총자산회전율

(단위: 백만 원)

업체	롯데제과		동양저과	
연도	1996	1999	1996	1999
총자산 회전율	0.639회	1.049회	0.491회	0.918회

▷ 1996, 1999년 모두 롯데제과가 상대적으로 높은 매출액, 효율성
   을 유지함. 1999년은 1996년에 비해 두 회사 모두 호전됨.
▷ 롯데제과의 경우, 상품의 마진이 낮을 가능성이 있음.

3) 재고자산회전율(inventory turnover)

① 개념: 재고자산 1단위당 실현하는 매출액의 크기 즉, 매출액을 재
   고자산으로 나눈 비율로서 재고자산이 연간 몇 회전하는지를 나
   타낸다. 재고자산에 대한 이용효율성을 나타낸다고 볼 수 있다.
② 관심: 경영자
③ 비율:

$$재고자산회전율 = \frac{매출액}{재고자산} = (회)$$

④ 해석: 재고자산회전율이 높으면 재고자산에 대한 효율성이 높
   은 것을 의미하고, 낮으면 재고자산에 과대 투자되고 있어서 자
   금이 재고자산에 잠겨있는 기간이 장기화하고 있음을 의미한
   다. 즉, 기업의 수익성을 악화시키는 요인으로 작용할 수 있다.
⑤ 주의: 높은 재고자산회전율은 긴급수요대처에 미흡할 수 있다
   (일본의 JIT 시스템).

☞ 함께 풀어봅시다 ☜

아래자료를 가지고 재고자산회전율을 구하고 해석해 보시오.

(예제 3)

〈표 4-5〉 롯데제과와 동양제과의 자료

(단위: 백만 원)

업체	롯데제과		동양제과	
연도	1996	1999	1996	1999
매출액	372,739	871,439	189,174	452,766
재고자산	51,277	55,212	23,466	22,060
재고자산회전율	?	?	?	?

(답)

〈표 4-6〉 롯데제과와 동양제과의 재고자산회전율

(단위: 백만 원)

업체	롯데제과		동양제과	
연도	1996	1999	1996	1999
재고자산회전율	7.26회	15.78회	8.06회	20.524회

4) 고정자산회전율(fixed asset turnover)

① 개념: 고정자산 1단위당 실현하는 매출액의 크기 즉, 매출액을
고정자산으로 나눈 비율로서 고정자산이 연간 몇 회전하는지를
나타낸다. 즉, 설비자산 규모의 적정성과 고정자산에 대한 이용
효율성을 나타낸다.

② 관심: 경영자

③ 비율:

$$\text{고정자산회전율} = \frac{\text{매출액}}{\text{고정자산}} = (\text{회})$$

④ 해석: 고정자산회전율이 높으면 고정자산에 대한 효율성이 높은 것을 의미하므로, 고정자산(유형, 무형)을 적게 투자하여 상대적으로 높은 매출을 실현하고 있음을 의미한다. 반대로 고정자산 회전율이 낮으면 고정자산에 대한 효율성이 낮음을 의미한다.

⑤ 주의: 고정자산회전율은 높으나 수익성이 낮은 경우는 노후화된 기계를 많이 보유한 경우가 될 수 있다. 즉, 노후화된 기계는 감가상각이 끝나서 장부상의 고정자산이 낮게 책정되기에 높은 고정자산회전율로 나타날 수 있다.

☞ 함께 풀어봅시다 ☜

아래에 제시된 현대자동차회사의 자료를 이용하여 활동성 비율을 평가해 보시오.

(예제 4)

〈표 4-7〉 현대 자동차의 활동성 비율

(단위: 백만 원)

연도	1993		1995	
현대차/산업평균	현대차	산업평균	현대차	산업평균
총자산회전율	1.21	0.88	1.46	0.99
매출채권회전율	3.72	3.09	5.16	3.95
재고자산회전율	19.23	10.69	21.61	11.30
고정자산회전율	3.91	2.66	4.08	2.57

(답)

▷ 활동성 비율이 산업평균에 비해 전반적으로 양호

▷ 매출채권, 재고자산, 고정자산회전율 등 자산의 효율성이 1996

년의 경우는 1993년에 비해 개선되고 있음.

▷ 이러한 개선으로 인하여 총자산에 대한 효율성(총자산회전율)도 좋으며 이런 효율적인 자산운용으로 전반적인 수익성도 업계평균보다 양호한 것으로 사료됨.

2. 레버리지 비율

2.1 레버리지 비율

▷ 레버리지(leverage) 비율은 기업경영의 안정성과 장기부채사용에 따른 원리금 상환능력, 즉 채무불이행 위험에 관한 정보를 제공해 준다.

▷ 유동성 비율이 기업의 단기부채의 상환능력에 관한 정보인데 반하여 레버리지 비율은 기업의 장기부채지급능력비율이며 기업의 타인자본의존도를 측정하는 비율이다.

▷ 채권자의 입장에서는 채권보존의 안정성을 나타내므로 안정성 비율(safety ratio)이라고도 한다.

▷ 이해관계자별 시사점

① 채권자(bondholder): 원리금 상환능력의 척도

② 경영자(manager): 기업의 자금조달결정의 지표—"칵테일의 문제"

③ 레버리지 비율의 증대는 수익이 증대할 가능성도 높아지지만 파산의 위험(default risk)이 증대함에 따른 재무적 위험(financial risk)의 증대를 의미한다.

1) 부채비율

① 개념: 부채비율은 총부채를 자기자본으로 나눈 관계비율을 이용하거나 총부채를 총자산으로 나눈 구성비율을 사용하기도 한다. 전자는 부채비율, D/E 비율(Debt to equity ration), 후자를 부채구성비율, D/A 비율이라고도 한다.

② 관심: 채권자, 주주, 경영자

③ 비율:

$$부채비율(D/E) = \frac{총부채}{자기자본}$$

$$부채구성비율(D/A) = \frac{총부채}{총자산}$$

④ 해석: 부채비율은 채권자들의 위험부담 정도와 손익확대효과 정도를 평가하는 기초정보로서의 중요성을 지닌다.

부채비율이 높을수록 채권자들의 채권보전의 안전도는 떨어지지만 손익확대효과(leverage effect: 지렛대 효과)가 나타나는 것을 의미한다.

* 레버리지 비율은 상호 간에 상관관계가 있기 때문에 어느 지표를 사용해도 상관성을 가지므로 이용자의 편의에 따라 결정 가능함.

⑤ 주의
   ⓐ 시장가격(market value)기준이냐, 장부가격(book value)기준이냐?

ⓑ 계정의 범주문제: 부채를 순수이자지급부채만 할 것인가, 아
니면 이자를 지급하지 않는 부채(미지급금)까지 할 것인가?
ⓒ 회계적 기준이냐, 실질기준이냐?(예: 자회사의 채무보증은?)

2) 이자보상비율(TIE: times interest earned 또는
interest coverage ratio)

① 개념: 이자지급능력을 나타내는 비율로서 영업이익(EBIT)과 감
가상각비의 합을 이자비용으로 나누어 구한다. 즉 영업활동으
로 얻어지는 현금흐름이 이자비용의 몇 배까지 커버할 수 있는
가를 재는 척도이다. 통상적으로 미국의 경우는 5배 수준이상
을 적정수준으로 받아들인다.
② 관심: 채권자, 주주, 경영자
③ 비율:

$$\text{이자보상비율} = \frac{\text{영업이익}(EBIT) + \text{감가상각비}}{\text{이자비용}}$$

④ 해석: 높은 이자보상비율은 영업활동의 결과로 얻어지는 영업
이익이 양호함으로써 타인자본의 사용으로 인하여 발생되는 이
자비용이 부담이 되지 않는 것을 의미한다.

3) 현금흐름 대 자본지출비용

① 개념: 영업활동의 결과 창출되는 영업이익은 원리금 상환뿐만
아니라 신규투자의 투자자금으로도 사용할 수 있다. 특히, 성장

기업의 경우는 신규투자의 자금조달의 원천으로 내부자금인 영업이익을 사용하여 원리금 상환에 부담을 줄 수 있기에 현금흐름 대 자본지출비용의 비율을 레버리지 비율의 척도로 이용하기도 한다.

② 관심: 채권자, 주주, 경영자.

③ 비율:

$$\text{현금흐름 대 자본지출비율} = \frac{\text{현금흐름}}{\text{자본지출액}}$$

④ 해석: 현금흐름 대 자본지출비용의 비율이 높을수록 부채상환 능력이 양호한 것으로 해석된다.

4) 고정비율(fixed ratio)

① 개념: 고정비율은 자본조달의 조달(source)과 운용(use) 사이의 균형관계를 보아서 균형관계를 간접적으로 판단하는 비율로서 장기적인 자금이 고착되는 고정자산을 장기성자금인 자기자본으로 나누어 구한 비율이다.

② 관심: 채권자, 주주, 경영자

③ 비율:

$$\text{고정비율} = \frac{\text{투자자산} + \text{유형자산} + \text{무형자산}}{\text{자기자본}}$$

④ 해석: 고정비율은 비율이 낮을수록 안정성이 있다고 판단할 수 있다.

기업 '창업'보다 '인수'가 리스크 크다[8]
信保, 부실기업 특성 분석

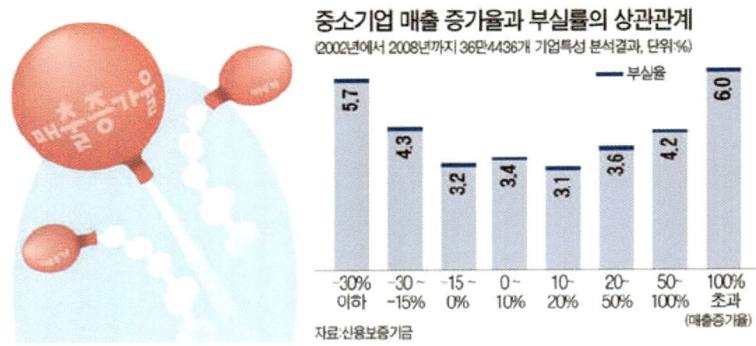

중소기업 매출 증가율과 부실률의 상관관계
(2002년에서 2008년까지 36만4436개 기업특성 분석결과, 단위:%)

— 부실율

-30% 이하	-30~ -15%	-15~ 0%	0~ 10%	10~ 20%	20~ 50%	50~ 100%	100% 초과
5.7	4.3	3.2	3.4	3.1	3.6	4.2	6.0

(매출증가율)

자료:신용보증기금

　신용보증기금이 지난 7년간 36만 4,436개의 중소기업을 대상으로 분석한 부실기업 특성은 실패하는 기업의 공통적인 특성과 잘못된 인식을 찾아냈다는 점에서 주목을 끈다.

　부실기업의 최고경영자(CEO)를 연령대별로 보면 경험이 축적된 50대가 부실률(4.8%)이 가장 낮은 반면 사업 경험이 부족할 수밖에 없는 20대(14%)와 30대(7%)는 상대적으로 부실률이 높았다.

　가족 구성에 따른 부실률의 경우 배우자와 자녀가 모두 있는 경우(4.6%)보다 독신인 경우(10.7%)가 두 배 이상 높게 나타났다. 배우자만 있는 경우는 6.2%, 자녀만 있는 경우에는 부실률이 9.1%로 나타나

---

8) 『한국경제신문』, 2010. 2. 23.

가정이 안정될수록 사업도 잘 될 가능성이 높은 것으로 조사됐다. 가화만사성을 실증하는 듯한 이 같은 조사 결과는 다만 기업 규모가 작을수록 분명하게 나타났고 큰 기업에서는 의미 있는 차이를 보이지 않았다.

대학원을 졸업했거나 중퇴한 경영인의 회사는 부실률이 3.6%였고, 대학을 다닌 경험이 있는 경우는 4.8%였다. 반면 고등학교를 졸업했거나 중퇴한 경영인의 회사 부실률은 6.2%, 중학교 이하 학력을 가진 경영인의 회사는 6.7%였다. 신보 측은 "기업 대표의 학력 수준에 따라 사업능력에 차이가 있는지에 대해서는 논란의 여지가 있겠지만 통계적 수치상으로는 고학력자일수록 안정적인 경영을 하는 경향이 있다." 라고 설명했다.

중소기업 흥망에 대한 오해와 진실

오해	진실
❶ 여성기업의부실률이 높다	• 영세기업에 국한된 현상 • 일반기업은 오히려 안정적
❷ 중소기업 경영 ,식자우환(X 字憂患)	• 고학력일수록 기업경영이안정적
❸ 경영자의 취미는 경영과 무관	• 활동적이고 지구력을 요하는 취미 (마라톤, 테니스 등)를 가지면 유리
❹ 동업은깨지기 쉽다	• 동업기업의 부실률이 더 낮음
❺ 개인 기업보다는 법인기업이 유리	• 규모가 같다면 개인기업이 더 안정적
❻ 직원은 적을수록 좋다	• 상시종업원수가 증가할수록 부실률은 낮아짐
❼ 창업보다는 인수가 유리	• 경영형태가 '인수'일 경우의 부실률이 더 높다
❽ 경영자의개인신용은기업신용과 무관	• 개인신용등급의 부실 변벽력은 매우 높은 수준 • 경영자 개인의 신용은 곧 기업의 신용과 직결
❾ 매출은 늘면늘수록 좋다	• 매출액증가율이 높아도 수익성 향상 등 질적 성장이 동반되지 않으면 부실가능성 더 큼
❿ 창고는 가득 채워나야 좋다	• 재고자산회전율이 높을수록 부실률이 낮아짐

기업의 활동성이 얼마나 강한지를 나타내는 재고자산회전율(재고자산이 현금으로 변화되는 속도)로 보면 회전율이 5~10%인 기업은 부실률이 5%, 회전율이 5% 이하인 기업은 부실률이 6.5%로 높아지는 성향을 보였다. 다만 이 지표를 기준으로 부실 징후를 판단하려면 매출채권회전율이나 매입채무회전율 등 다른 활동성 지표를 동시에 봐야 한다고 신보는 밝혔다.

　재무제표를 작성하지 않는 영세 기업에서는 여성 경영자의 부실률이 남성 경영자보다 높았지만 다른 일반 기업군에서는 오히려 여성 경영자의 부실률이 더 낮았다.

　자가주택 소유자의 부실률은 예상대로 임차에 비해 훨씬 낮았다. 30대의 경우 자가주택이 있을 때 부실률은 5%였지만 임차인의 경우에는 9%로 두 배 가까이 차이가 났다. 50대도 주택이 있는 경우 부실률은 3.4%인 반면 없는 경우는 10.3%나 됐다.

　기업 규모의 크고 작음에 관계없이 전체적으로 경영 형태가 '인수'인 경우 부실률(7.1%)도 창업(5.6%)이나 승계(5.5%)보다 높았다. 이는 사업을 인수하는 데 따른 장점 못지않게 리스크도 크다는 것을 보여준다.

　기업의 안정성을 나타내는 부채비율이 150% 이하여야 부실 가능성이 적은 양호한 기업으로 평가됐다. 부채비율이 500%를 초과하는 기업(부실률 5.4%)의 경우 100% 미만인 기업(3.4%)에 비해 부실률이 약 2%포인트나 높게 나타났다.

[퀴즈문제]

* 아래의 내용이 맞으면 T, 틀리면 F를 빈칸에 넣어 주세요.

1. 활동성 비율(activity ratios)은 특정자산이 얼마나 효율적으로 이용
   되는가를 평가하는 재무비율로서, 비율의 계산은 기업의 매출액을
   평가하고자 하는 특정자산으로 나누어 회전율로 표시한다. (   )

2. 레버리지(leverage)비율은 기업경영의 안정성과 장기부채사용에
   따른 원리금 상환능력, 즉 채무불이행위험에 관한 정보를 제공
   해 준다. (   )

3. 고정비율은 자본조달의 조달(source)과 운용(use) 사이의 균형관계
   를 보아서 균형 관계를 간접적으로 판단하는 비율로서 장기적인
   자금이 고착되는 고정자산을 장기성자금인 자기자본으로 나누
   어 구한 비율이다. (   )

[정답] 1. (T) 2. (T) 3. (T)

[요점정리]

1. 활동성 비율분석에 대해 알아보았다. 매출채권회전율을 중심으
   로 논의하였다.

2. 총자산회전율, 재고자산회전율, 고정자산회전율에 대해 논의하였다.

3. 부채비율에 대해 논의하였고 D/E비율, D/A비율, 이자보상비율, 현금흐름 대 자본지출비용, 고정비율 등에 대해 논의하였다.

[용어정리]

① 레버리지(leverage)

레버리지의 원래 의미는 지렛대를 의미한다. 즉 무거운 바위를 지렛대를 이용하면 적은 힘으로도 움직일 수 있는 개념에서 유래된 것으로, 재무에서는 지렛대(부채)를 이용하여 보다 많은 자산으로 더욱 많은 수익을 창출할 수 있다는 개념으로 지렛대를 부채의 개념으로 쓰고 있다.

② 고정비율

자본조달의 조달(source)과 운용(use) 사이의 균형관계를 보아서 균형관계를 간접적으로 판단하는 비율로서 장기적인 자금이 고착되는 고정자산을 장기성자금인 자기자본으로 나누어 구한 비율이다.

[참고문헌]

강영수, 『재무분석 기초 끝내기』, 2010, 한솜미디어
김성민, 『재무분석』, 2007, 새로운 제안
김철중, 『재무분석』, 2010, 한국금융연수원
이건희, 『재무분석』, 1999, 학문사
이의경, 『재무분석』, 2008, 신론사
임태순, 『경영학원론』, 2010, 한국학술정보(주)
임태순, 『금융시장』, 2010, 한국학술정보(주)
임태순, 『재무관리』, 2011, 한국학술정보(주)
장영광, 『경영분석』, 2010, 무역경영사

학습목표

1. 재무비율분석 중에서 생산성 비율에 대한 개념을 이해하고 구하는 방법 과 비율을 해석해 내는 데 학습목표를 둔다.
2. 성장성 비율을 나타내는 기술적 방법, 그리고 시사점을 살펴보는 데 학습 목표를 둔다.
3. 주식과 관련된 비율에 대해 연구하는 것을 학습목표로 두고 주식관련 비 율을 나타내는 종류와 기술적인 방법, 그리고 시사점을 공부한다.

제5장 재무비율분석 Ⅲ

1. 생산성 비율

▷ 생산성 비율(productivity ratios)은 기업경영활동에 투입되는 노동, 자본 등 여러 생산요소가 달성하는 경영능률과 성과배분의 합리성을 분석하는 비율이다. 즉, 생산 능률성을 측정하는 방법이다.

▷ 생산성 비율은 생산요소 투입대비 산출의 비율로 산정한다.

▷ 생산성 비율은 부가가치비율, 자본생산성 비율, 노동생산성 비율 등이 있다.

▷ 생산성 비율의 측량방법

① 단위기준(물량, 금액에 따라): 물적생산성, 금액생산성

② 생산요소별: 노동생산성, 자본생산성

③ 최근경향: 부가가치 기준

1) 부가가치율(value added ratio)

① 개념: 일정 기간에 창출된 부가가치액을 동기간의 매출액으로
나누어 계산한 비율로서, 매출액 중에서 생산요소 제공자에게
귀속되는 비율을 의미한다.

☞ 함께 논의하기 ☜

부가가치(value added)란?

부가가치란 기업이 생산활동을 한 결과 새로이 창출한 가치를 의
미한다. 즉, 특정 생산단계에서 새로이 창출된 가치를 의미한다.

부가가치를 측정하는 방법은 감산법과 가산법이 있다.

* 감산법(생산측면의 접근법)

    부가가치＝매출액-(재료비＋부품구입비＋외주가공비…)

* 가산법(분배측면의 접근법)

    부가가치＝순이익＋인건비(급료＋상여＋퇴직금＋복리후생비…)＋
    금융비용(이자비용)＋임차료(부동산임차료)＋세금, 감가상각비

② 관심: 경영자

③ 비율:

$$부가가치율 = \frac{부가가치액}{매출액}$$

$$부가가치율 = \frac{순이익}{매출액} + \frac{인건비}{매출액} + \frac{임차료}{매출액} + \frac{이자비용}{매출액} + \frac{세금및제공과금}{매출액}$$

④ 해석: 부가가치율이 높다는 것은 매출액 단위당 생산요소제공
자가 창출한 가치가 큼을 의미한다. 즉 매출액 단위당 경영능률
을 나타낸다.

⑤ 주의: 부가가치액은 통합도가 높아지면 높아지게 되어 있다.

☞ 기억을 더듬기 ☜

기억이 나시나요? 통합이 무엇이지요?

통합(integration)에는 전방통합(forward integration)과 후방통합(backward
integration)이 있다. 전방통합은 판매 쪽으로 후방통합은 원자재 쪽
으로의 통합을 의미한다.

2) 자본생산성 비율(capital productivity)

① 개념: 생산요소인 투자자본의 단위당 경영능률을 측정하는 비
율로서, 기업에 투하된 자본 1단위당 얼마만큼 부가가치액을
창출하였는가를 나타내는 비율이다.

② 관심: 경영자

③ 비율:

$$총자본투자효율 = \frac{부가가치}{총자본}$$

$$설비투자효율 = \frac{부가가치}{유형자산 - 건설중인자산}$$

④ 해석: 총자본투자효율의 경우, 비율이 높으면 높을수록 총자본
이 효율적으로 운영되었음을 시사하고, 설비투자효율의 경우,

비율이 높으면 높을수록 설비자산(유형자산-건설 중인 자산)이
효율적으로 운영되었음을 시사한다.

3) 노동생산성 비율(labor productivity)

① 개념: 생산요소 중에서 가장 중요한 구성요소 중의 하나인 인적
   자원(man power)의 생산성을 측정하는 방식으로 노동력의 단위
   당 성과를 나타내는 지표를 의미한다.
② 관심: 경영자
③ 비율:

$$\text{종업원1인당 부가가치} = \frac{\text{부가가치}}{\text{종업원수}} = \frac{\text{매출액}}{\text{종업원수}} \times \frac{\text{부가가치}}{\text{매출액}}$$

(1인당 매출액)×(부가가치율)

④ 해석: 1인당 부가가치가 높을수록 노동력이 효율적으로 이용되
   어 보다 많은 부가가치를 창출하였다는 의미로서 노동경쟁력이
   우수함을 의미한다.

2. 성장성 비율

▷ 성장성 비율(growth ratios)은 일정 기간의 기업의 경영성과를 측정하는 비율이다.

▷ 성장성 비율은 총자산, 매출액 또는 순이익의 증가율로 측정한다.

▷ 성장성 비율은 성장잠재력, 미래 수익발생능력이나 시장에서의 경쟁적 지위 등과 관련된 정보를 제공해 준다.

▷ 성장성 비율에서 주의할 점

① 명목증가율이므로 인플레이션을 감안할 것: 디플레이터(deflator) 이용

② 성장성(수익성)과 유동성의 조절문제

③ 제품의 생명주기(PLC)와 관련된 종합사고의 필요성

1) 매출액증가율(sales growth ratio)

① 개념: 기업의 외형적인 신장세를 나타내는 대표적인 비율로서 당기의 매출액증가분을 전기의 매출액으로 나눈 비율이다.

② 관심: 경영자

③ 비율:

$$\text{매출액증가율} = \frac{\text{당기매출액} - \text{전기매출액}}{\text{전기매출액}}$$

④ 해석: 매출액증가율이 높을수록 기업의 외형적인 신장세와 시장에서의 위치가 증대됨을 나타낸다.

⑤ 주의: 매출액증가에 대한 원인분석이 요구된다.

ⓐ 매출액 증가는 시장창조(market creation)의 경우와 시장점유율(market share)의 증대에 기인한다.

ⓑ 판매단가로 인한 증가인 경우는 상대적으로 시장에서의 위치를 약화시킬 우려가 있다.

2) 총자산증가율(total asset growth ratio)

① 개념: 일정 기간의 총자산증가분을 기초의 총자산으로 나눈 것으로 기업의 외형적인 규모의 신장을 나타내는 비율이다.

② 관심: 경영자

③ 비율:

$$\text{총자산증가율} = \frac{\text{기말총자산} - \text{기초총자산}}{\text{기초총자산}}$$

④ 해석: 총자산증가율이 높을수록 기업의 외형적인 규모의 신장을 의미한다.

⑤ 주의

ⓐ 자산에 대한 과다투자: 총자산증가율>매출액증가율

ⓑ 자산재평가로 인한 왜곡

3) 순이익증가율(net profit growth ratio)

① 개념: 기업활동의 최종 성과인 순이익이 전기에 비해 증가한 정도를 측정하는 지표이다. 순이익증가율은 정상적인 영업활동의 성과인 경상이익뿐 아니라, 특별손익을 모두 반영한 총괄적인 경영성과의 변화율을 나타낸다.

② 관심: 경영자, 주주

③ 비율:

$$\text{순이익증가율} = \frac{\text{당기순이익} - \text{전기순이익}}{\text{전기순이익}}$$

$$\text{경상이익증가율} = \frac{\text{당기경상이익} - \text{전기경상이익}}{\text{전기경상이익}}$$

$$\text{주당순이익성장률} = \frac{\text{당기}EPS - \text{전기}EPS}{\text{전기}EPS}$$

④ 해석: 순이익증가율이 높을수록 기업의 성장성이 긍정적임을, 경상이익증가율이 높을수록 정상적인 영업성과의 활동이 긍정적임을 나타내며, 주당순이익성장률이 높을수록 투자자에게 미래의 이익발생에 대한 긍정적인 전망을 준다.

4) 효과적인 성장성 분석방법: 매트릭스 분석

① 매출액증가율(Y축)과 순이익증가율(X축)을 대비시켜 분석
  분석: 순이익증가율>매출액증가율일 때 긍정적
② 분석대상산업의 평균매출액증가율(Y축)과 평균순이익증가율(X축)을 대비시킴
분석:

〈표 5-1〉 매트릭스 분석

	외형신장	내실경영
Ⅰ사분면	good	good
Ⅱ사분면	good	bad
Ⅲ사분면	bad	bad
Ⅳ사분면	bad	good

〈표 5-2〉 매트릭스 분석의 실례[9]

---

9) 장영광, 『경영분석』, 1999, 무역경영사, p.118.

3. 주식관련 비율

3.1 주식관련 비율

▷ 주식관련비율은 주로 증권시장에서 형성되는 보통주의 가격과
  회계수치를 대응하여 작성된 비율로서, 기업의 수익가치나 자
  산가치에 대한 증권시장에서의 평균수준을 나타내는 비율이다.
▷ EPS, PER, PBR, Q-ratio 등이 있다.
▷ 주식가격이 기업의 수익성과 위험을 종합적으로 반영하고 있기에,
  기업의 실질적 가치를 가장 잘 반영하고 있기에 유용한 정보를 제
  공하고 있다.
▷ 평가
① 재무비율에서 얻을 수 없는 정보를 제공
② 비상장기업 분석의 한계점

1) EPS(주당순이익)

① 개념: 순이익을 주식수(outing standing share)로 나눈 비율로서, 한
  주당의 순이익을 의미한다. 기술적으로는 당기순이익에서 우선
  주 배당금을 제외한 금액을 전체주식수로 나눈다.
② 관심: 주주, 경영자
③ 비율:

$$EPS = \frac{당기순이익 - 우선주배당금}{총주식수}$$

④ 해석: 주당순이익이 높을수록 주주들의 배당이 높아질 수 있으
　　므로 주가에 긍정적인 영향과 함께 기업의 영업활동이 긍정적
　　임을 신호효과(signalling effect)할 수 있다.
⑤ 주의: 수익성과 EPS 문제

　☞ 함께 논의하기 ☜
기업의 수익성과 EPS는 관련이 있을 까요?
수익성과 EPS가 다르게 나타나는 경우는 없을까요?
있다면 어떤 경우가 될까요?
(수익성↑, EPS↓)
ⓐ 물타기효과(희석효과, dilution): CB, BW, 전환우선주
ⓑ 배당성향이 달라서, 이익금이 사내유보(retained earning)의 경우

2) 주가수익배수(PER: price-earing ratio)

① 개념: PER은 P/E ratio라고도 하는데, 주식의 시장가격을 주당순
　　이익(EPS)으로 나눈 값이다. 의미는 주식의 현재 시장가격이 주
　　당순이익의 몇 배에 해당하는가를 측정하는 비율이다.
② 관심: 주주
③ 비율:

$$PER = \frac{주식의시장가격}{주당순이익(EPS)}$$

④ 해석: PER은 기업의 수익성, 성장성, 위험성 등을 총체적으로 반
　　영한 지표로서 높을수록 기업의 미래가 긍정적임을 암시한다.

⑤ 주의: 높은 PER과 낮은 PER

☞ 함께 논의하기 ☜

Mr. 투자가는 주식을 매수하려고 합니다. 높은 PER의 주식을 사야 할까요? 아니면 낮은 PER의 주식을 사야 할까요?

(PER↑)

ⓐ 긍정적인 전망(유망산업)

ⓑ 과대평가(over-value)

3) 주당순자산비율(PBR)

① 개념: 주당순자산비율(PBR: price to book value ratio)은 "P/B ratio" 라고도 하며, 주가를 주당순자산으로 나눈 비율이다.

② 관심: 주주

③ 비율:

$$PBR = \frac{주가}{(총자산 - 총부채)/발행주식수}$$

④ 해석: 높을수록 수익성 전망이 좋고, 기업운용이 효율적임을 암시한다.

4) q-비율

① 개념: q-비율은 토빈(Tobin)이 제창하였기에 "토빈의 q-비율"이라고도 한다. 기술적으로는 증권시장에서의 시장가격을 대체원

가(장부가치)로 나누어서 구한다.

② 관심: 주주

③ 비율:

$$q-\text{비율} = \frac{\text{자산의시장가격}(\text{증권시장})}{\text{자산의대체원가}(\text{실물시장})}$$

④ 해석: 비율은 두 시장의 괴리정도를 나타내며, 기업의 성장전략
에서 진출(내부개발)과 기존업체의 인수(M&A)전략을 수립할 때
에도 많이 이용한다.

■ 심화학습 ■

기업銀, 직원 생산성 시중은행 최고[10]

작년 시중은행 가운데 기업은행 직원들의 생산성이 가장 높은 것
으로 파악됐다.

21일 은행권에 따르면 작년 신한은행의 당기순이익은 1조 6,484억
원으로 은행권에서 가장 많았다. 그룹 최고경영진 간 내분에도 불구
하고 영업력이 강화되면서 전년 대비 120.2% 증가했다. 2009년 말
40%였던 은행부문의 이익기여도는 작년 말 52%로 높아졌다. 하지만,
직원 1인당 생산성은 상대적으로 직원 수가 적은 기업은행이 국민,
신한, 우리, 하나 등 5개 시중은행 가운데 1위를 차지했다. 금융감독

---

10) 『한국경제신문』, 2011. 2. 21.

원 공정공시에 따르면 기업은행은 작년 9월 말 정규직원 수가 7,138
명으로 신한은행의 1만 678명보다 3,540명 적었다.

이에 따라 작년 순익을 정규직원 수로 나눈 생산성은 기업은행이
약 1억 8,100만원으로 신한은행의 약 1억 5,400만원을 웃돌았다. 하나
은행은 약 1억 1,800만원으로 3위를 차지했고 우리은행은 약 8,000만
원을 기록해 1억 원에 못 미쳤다.

정규직원 수가 가장 많은 국민은행은 전년대비 약 6,000억 원 늘어
난 대손충당금과 6,525억 원의 희망퇴직 관련 비용 등으로 작년 실적
이 가까스로 흑자를 유지하면서 1인당 생산성도 약 100만 원에 그쳤다.

대표적인 수익성 지표인 순이자마진(NIM)의 경우 국민은행이 2.77%
를 기록하면서 기업은행과 공동 1위를 차지했고, 우리은행과 하나은행
은 2.22%와 2.21%, 신한은행은 2.13%였다.

건전성 지표인 고정이하여신비율은 신한은행이 1.31%로 가장 우수했
고 하나은행이 1.5%로 뒤를 이었다. 국민은행과 기업은행은 각각 1.79%
와 1.83%였으며 우리은행은 3.24%로 신한은행의 2배를 웃돌았다.

대출연체율도 신한은행이 0.48%로 가장 낮았고 하나은행과 기업은
행은 각각 0.54%와 0.67%를 기록했다. 우리은행과 국민은행은 0.99%
와 1.0%로 비슷했다.

[퀴즈문제]

* 아래의 내용이 맞으면 T, 틀리면 F를 빈칸에 넣어 주세요.

1. 부가가치율은 일정 기간에 창출된 부가가치액을 동기간 동안의
   매출액으로 나누어 계산한 비율로서, 매출액 중에서 생산요소
   제공자에게 귀속되는 비율을 의미한다. (   )

2. 총자산증가율이 높을수록 기업의 외형적인 규모의 신장을 의미
   한다. (   )

3. EPS는 순이익을 주식수(outing standing share)로 나눈 비율로서, 한
   주당의 순이익을 의미한다. 기술적으로는 당기순이익에서 우선
   주배당금을 제외한 금액을 전체주식수로 나눈다. (   )

[정답] 1. (T) 2. (T) 3. (T)

[요점정리]

1. 생산성 비율에 대해 알아보았다. 부가가치율, 자본생산성, 노동
   생산성에 대해 논의하였다.

2. 성장성 비율에 대해 논의하였다. 매출액증가율, 총자산증가율,
   순이익증가율을 살펴보았다.

3. 주식관련비율에 대해 논의하였다. EPS, PER, PBR, q-비율에 대해 논의하였다.

[용어정리]

① 통합(integration)

전방통합(forward integration)과 후방통합(backward integration)이 있다. 전방통합은 판매 쪽으로 후방통합은 원자재 쪽으로의 통합을 의미한다.

② EPS

순이익을 주식수(outing standing share)로 나눈 비율로서, 한 주당의 순이익을 의미한다.

[참고문헌]

강영수, 『재무분석 기초 끝내기』, 2010, 한솜미디어
김성민, 『재무분석』, 2007, 새로운 제안
김철중, 『재무분석』, 2010, 한국금융연수원
이건희, 『재무분석』, 1999, 학문사
이의경, 『재무분석』, 2008, 신론사
임태순, 『경영학원론』, 2010, 한국학술정보(주)
임태순, 『금융시장』, 2010, 한국학술정보(주)
임태순, 『재무관리』, 2011, 한국학술정보(주)
장영광, 『경영분석』, 1999, 무역경영사

학습목표

1. 지금까지 학습한 재무비율분석을 가지고 경영평가를 하는 방법론에 대해 학습해 보고, 분석의 방법론은 어떤 것이 있는가에 대하여 살펴본다.
2. 변동원인분석에 적합한 ROI 분석에 대해 논의해 본다.
3. 재무비율의 종합 분석에 대해 논의해 본다.

제6장 비율분석을 이용한 경영평가

1. 재무비율의 비교분석

▷ 재무비율의 비교분석은 아래와 같이 3가지 측면에서 분석할 수 있다.

① 기간분석(inter-period comparison)

② 기업 간 분석(inter-firm comparison)

③ 기업 내 분석(intra-firm analysis)

1.1 기간분석

① 개념: 기간분석은 기간을 중심으로 분석을 하는 방법이다. 즉, 몇 개 기간의 재무비율이나 재무수치비교를 통하여 분석이 이루어지며, 주로 추세분석(trend analysis)이 사용된다.

② 방법: 대차대조표나 손익계산서의 각 항목의 기준연도의 수치를 각각 100으로 정하고, 그 후의 비교기간의 각 연도의 수치를 100에 대한 지수로 표시한다.

③ 실례: 예를 들어 서울기업의 경우, 2007년과 2008년 사이에 매출액은 160% 증가하였고, 영업비는 193% 증가하였다면 영업비의 증가속도가 매출액의 증가속도보다 빠른 것을 의미한다.

〈표 6-1〉 서울기업의 기간분석

	금액				추세백분율(2005=100)		
	2005	2006	2007	2008	2006	2007	2008
순매출액	1,582,000	1,666,000	1,870,000	2,538,000	105	118	160
매출원가	980,000	1,020,000	1,164,000	1,422,000	104	119	145
매출총이익	602,000	646,000	706,000	1,116,000	107	117	185
영업비용	468,000	518,000	558,000	904,000	111	119	193

④ 도표를 이용하면 시각적인 파악이 용이하다.

1.2 기업 간 분석

① 개념: 기업 간의 재무비율, 재무수치를 비교대상의 다른 기업과 비교하여 양호한지, 불량한지 판단하는 분석이다.
② 방법: 기업 간 분석은 비교대상을 어디에 둘 것인가에 따라 크게 3가지의 비율이 비교된다.
ⓐ 경쟁기업
ⓑ 초우량기업
ⓒ 표준비율

1) 이상적인 표준비율(한국은행, 「기업경영분석」의 표준비율을 참조)

① 유동비율: 200% 이상이면 건전
   * 유동비율(유동자산/유동부채)
② 당좌비율: 100% 이상이면 양호
   * 당좌비율(당좌자산/유동부채)
③ 부채비율: 100% 이하이면 양호
   * 부채비율(총부채/자기자본)
④ 고정비율: 100% 이하이면 양호
   * 고정비율{(투자자산+유형자산+무형자산)/자기자본}

☞ 함께 논의하기 ☜
표준비율은 절대적인 가치인가요?
만약 A기업의 유동비율이 300%라면 어떻게 해석해야 옳은가요?
▷ 표준비율은 경험상의 비율로서 하나의 가이드를 제시하고 있지
   만 절대적인 가치를 부여한다고 언급하기는 어렵다. 기업체에 주
   어진 제반 여건과 결부된 해석이 필요하다. 유동비율이 300%라
   면 단기 채무자들에게는 채무를 보존할 수 있는 여력이 높음을
   의미하기도 하지만 그만큼 수익성의 저하를 의미할 수도 있다.

2) 규모의 차이에 따른 문제점(size effect) 해결 방안

① 공통형
   대차대조표상의 자산총계를 100으로

손익계산서상의 매출액을 100으로
② 지수형
　대차대조표상의 기준연도를 100으로
　손익계산서상의 기준연도를 100으로

1.3 기업 내 분석

① 개념: 기업 내의 변화추이를 통한 분석방법으로 일정 기간 재무
　상태의 변화를 면밀하게 분석하여 개선되고 있는지, 악화되고
　있는지를 분석하는 방법이다.
② 방법: 연도별 재무비율의 추세를 절대성(표준비율)과 상대성(추
　세분석)으로 비교한다. 다른 방법으로는 증감에 의한 비교재무
　제표로서 대차대조표와 손익계산서의 증감을 비교연도와 비교
　하여 단순하게 +, - 로 표시하여 보는 방법도 있다.

2. ROI 분석

▷ ROI(투자수익률)은 기업의 총괄적인 경영성과를 분석하는 지표
　이다. 그런데 미국의 듀폰(Dupont)사는 ROI의 변동원인을 분석
　하여 사업부의 업적을 평가하고 내부통제를 활용하는 기법을
　개발하여 경영전략수립이나 경영계획 및 통제활동에 긴요한 재
　무기법으로 사용되고 있다.
▷ ROA(자산수익률), ROE(자본수익률)를 이용한 변동원인 분석방
　법이 있다.

2.1 ROA 변동원인 분석

① **총자산수익률**$= \dfrac{순이익}{총자산} = \dfrac{순이익}{매출액} \times \dfrac{매출액}{총자산}$

$$= (매출액순이익률) \times (총자산회전율)$$

② 실례: 아래에 서울기업과 동경기업이 있다. 두 회사의 총자산수익률과 매출액순이익률, 총자산회전율이 아래와 같다고 할 때 구성원천을 분석해 보시오.

〈표 6-2〉 두 기업의 구성원천 비교

	서울기업	동경기업
총자산수익률	4%	4%
매출액순이익률	3.85%	4.35%
총자산회전율	1.049회	0.9187회

③ 서울기업의 매출액순이익률은 동경기업의 매출액순이익률보다 적으며, 서울기업의 경우는 동경기업에 비하여 박리다매의 전략을 추구하고 있는 모습이다.

2.2 ROE 변동원인 분석

① **자기자본순이익률**$= \dfrac{순이익}{자기자본}$

$$= \frac{\text{순이익}}{\text{매출액}} \times \frac{\text{매출액}}{\text{총자본}} \times \frac{\text{총자본}}{\text{자기자본}}$$

$$\uparrow \qquad\qquad \uparrow \qquad\qquad \uparrow$$

$$= (\text{매출액순이익률}) \times (\text{총자본 회전율}) \times (\text{부채 레버리지 비율})$$

② 중요성: 기업의 이해관계자 중심의 유럽식 경영과 달리 미국식 경영은 주주자본주의 즉, 주주들의 부의 극대화를 표방하기에 기업경영이 ROE를 중시하는 경영을 하고 있다.

2.3 ROI 분석의 장단점

1) 장점

① 활동성, 수익성 등 경영성과의 변동 원인을 제공
② 경영자, 종업원의 업적평가를 통한 통제 가능
③ 재무항목과 관계된 부서의 활동에 관여하여 기업목표를 명확히 할 수 있고 수익성에 기여

2) 단점

① 수익성의 결정요인 분석에는 기여하나 기업의 장단기 채무능력이 무시될 수 있다.
② 현금의 시간적 가치가 무시되었다. 즉 ROE, ROA의 변동 때 인플레이션이 고려되지 못했다.

③ 위험요소가 무시되었다. 즉 ROE, ROA의 증가 시 동반되는 영업
위험과 재무위험을 무시하였다.

3. 재무비율의 종합 분석

3.1 종합 분석

▷ 종합지수는 경영성과나 재무상태를 종합점수화하는 방법으로
월과 트랜트 식이 있다.
▷ 원형도표법은 공간적으로 구성이 되어서 비교를 용이하게 하는
장점이 있다.

1) 종합지수법

〈표 6-3〉 종합지수법 비교

(단위 %)

재무비율	Wall의 가중치	Trant 가중치
유동비율	25	15
부채비율	25	10
고정비율	15	10
매출채권회전율	10	10
재고자산회전율	10	20
고정자산회전율	10	20
자기자본회전율	5	-
매입채무회전율	-	15

① 월(Alexander Wall) 법

    ⓐ 1910년에 월에 의해 개발된 방식이다.

    ⓑ 동태비율보다는 정태비율을 중시하는 종합지수법이다.

        예) 유동비율은 25%가중치, 회전율은 5-10%의 가중치

② 트렌트(J. B. Trant)

    ⓐ 트렌트에 의해 개발된 방식이다.

    ⓑ 동태비율(회전율)을 중시하는 종합지수법이다.

        예) 회전율은 20% 가중치, 유동비율, 부채비율은 15, 10%의 가중치

③ 평가

    ⓐ 종합적인 계수화로 평가가 용이하다.

    ⓑ 가중치의 타당성에 대한 논란의 여지가 있다.

2) 원형도표법

① 원형도표법(radar chart method)은 경영상태를 표시하는 기본적 요소를 수익성, 안정성, 활동성, 유동성 또는 성장성으로 결정하고 각 요소를 평가할 수 있는 관계비율을 선택하여 기입함으로써 상호비교할 수 있고, 경영상태의 종합적 평가가 가능한 방법이다.[11]

② 작성

---

11) 이건희, 『재무분석』, 1999, 학문사, p.190.

ⓐ 외원, 중원, 내원을 작성한다.

ⓑ 외원은 이상적인 비율을 설정한다.

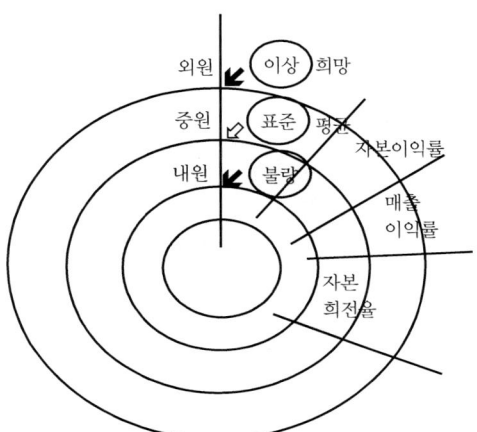

〈그림 6-1〉 원형 도표법 작성 예12)

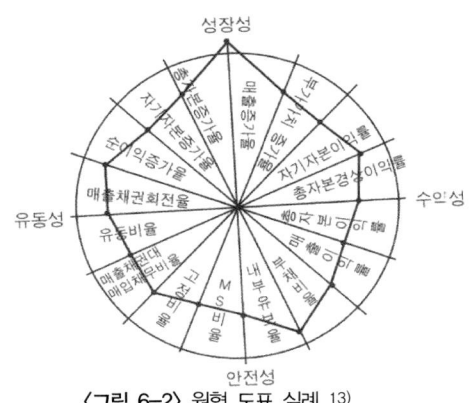

〈그림 6-2〉 원형 도표 실례 13)

---

12) 이건희, 『재무분석』, 1999, 학문사, p.193.

13) 이건희, 『재무분석』, 1999, 학문사, p.197.

③ 평가
    ⓐ 일목요연하게 시각성을 제공하여 주므로 평가하는 데 편리
      하다.
    ⓑ 현황을 안전성, 수익성, 성장성, 경제성의 요소로 구분하여
      쉽게 분석하는 데 용이하다.

한국기업 혁신, 자발성 없고 위만 쳐다본다[14]

▣ 매경 · BCG 경영혁신 보고서

"내부 관리기준이 불명확하고 부서 간 의견조율이 안 되면 혁신이 어렵지요. 외국 소비자 시각에서 상품과 서비스가 개발돼야 글로벌 기업의 혁신이 됩니다. 혁신과정 자체도 속도(스피드) 있게 이뤄져야 하고요."

이병남 보스턴컨설팅그룹(BCG) 서울사무소 대표의 설명이다.

혁신(innovation)은 국내외를 막론하고 기업 경영의 최대 화두다.

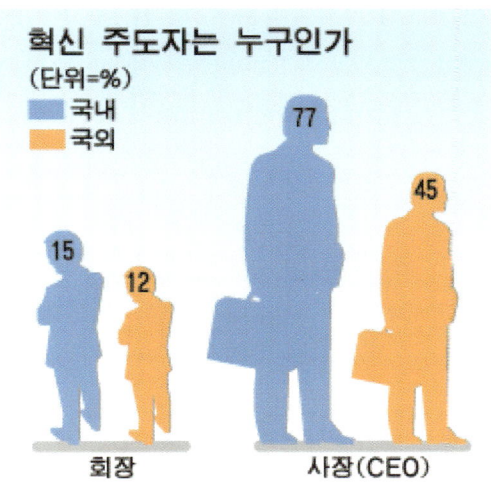

14) 『매일경제신문』, 2006. 12. 18.

혁신을 기업의 상위 3대 우선순위로 두는 비율이 '외국기업은 72%, 국내기업은 78%'에 달한다. 특히 외국기업 32%, 국내기업 37%는 혁신을 가장 앞에 뒀다.

그렇지만 국내 기업들의 혁신은 '상층부 주도'가 많고 수익을 최우선하지 않는 경향이 짙다. 말이나 전략 측면에서 혁신을 열심히 외치고 있지만 사실상 혁신이 기업 내 체질화되지 못하고 겉돌고 있는 셈이다.

매일경제와 BCG는 '혁신에서 수익창출의 기회를 찾아라(Innovation-To-Cash)'라는 주제로 전 세계 1,070명과 국내 98명의 고위 임원을 대상으로 설문조사를 하고 '경영혁신보고서'를 마련했다. 여기서 혁신은 아이디어 창출과 신제품 개발뿐만 아니라 포트폴리오 관리, 상품 수명주기 관리, 조직 최적화 등의 이슈를 포함한다.

설문조사 결과 혁신에 대한 접근방식은 국외와 국내가 상당히 달랐다.

누가 혁신을 주도하느냐는 질문에 '회장이나 최고경영자(CEO)'라는 응답이 외국기업은 57%에 그친 반면 국내는 92%에 달한 것. 외국기업은 혁신을 전방위적으로 추진하는 데 비해 국내에서는 '상명하복' 형태가 많은 것으로 풀이될 수 있는 대목이다.

투자대비 효과(ROI)로 본 혁신의 금전적 효과에 대해서는 국내외 모두 불만족하다는 비율이 비교적 높았다. 국외가 48%, 국내가 42%였다.

불만족 이유는 달랐다.

국내기업들은 리스크 회피적인 문화(45%), 혁신을 위한 마케팅과 부서 간 커뮤니케이션 부족, 정확한 ROI 측정방법 부족 등을 꼽았다. 조직 내 혁신 분위기가 강하지 않다는 답변이 많았던 셈이다. 반면 외국기업은 지나치게 긴 개발기간(32%), 회사 내 협업 부족(28%) 등을 이유로 들었다.

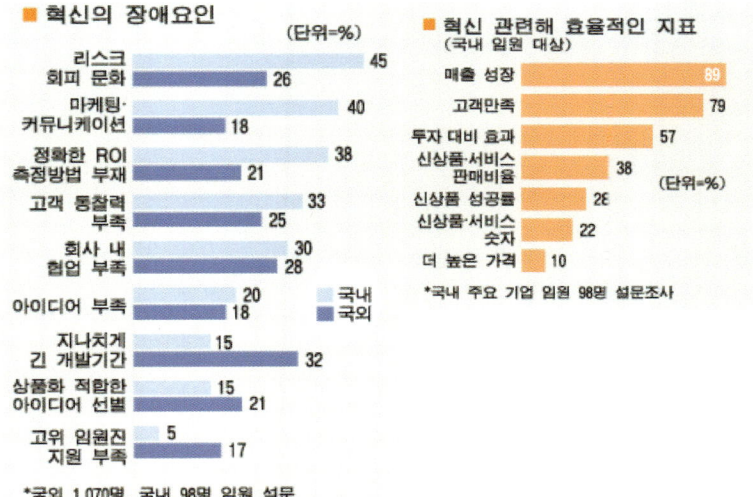

■ 혁신의 장애요인 (단위=%)
리스크 회피 문화 45 / 26
마케팅·커뮤니케이션 40 / 18
정확한 ROI 측정방법 부재 38 / 21
고객 통찰력 부족 33 / 25
회사 내 협업 부족 30 / 28
아이디어 부족 20 / 18 (국내 / 국외)
지나치게 긴 개발기간 15 / 32
상품화 적합한 아이디어 선별 15 / 21
고위 임원진 지원 부족 5 / 17
*국외 1,070명, 국내 98명 임원 설문

■ 혁신 관련해 효율적인 지표 (국내 임원 대상)
매출 성장 89
고객만족 79
투자 대비 효과 57
신상품·서비스 판매비용 38 (단위=%)
신상품 성공률 28
신상품·서비스 숫자 22
더 높은 가격 10
*국내 주요 기업 임원 98명 설문조사

국내기업들은 새로운 고객을 위한 신상품과 서비스 개발이 가장 중요한 혁신 대상(70%)이라고 지목했다. 하지만 새로운 고객을 위한 실제 투입예산 비율은 29%에 불과했다. 기존 고객에 대한 예산 투입 때문에 예산이 새로운 성장엔진에 반영되지 못한 것이다.

경영의 혁신 성과를 측정하는 지표에서도 국외와 국내가 크게 차이를 드러냈다. 외국기업은 신제품을 통한 수익을 매우 중시했다. 반면 국내기업은 전체적인 매출 성장(89%)과 고객만족도 향상(79%)을 가장 많이 뽑았다. 매출 성장은 신상품을 염두에 둔 사안으로 해석할 수 있지만 고객만족도는 수치화하기도 힘들고 막연하다는 느낌을 주는 지표로 해석된다.

BCG는 "이익이 나는 게 혁신이라는 인식이 아직 한국에는 미흡한 것 같다."라고 지적했다.

혁신지표는 △투자와 개발에 적합한 아이디어 선택 △연구개발 (R&D) 효율성 제고, △제품의 시장 출시기간 축소, △혁신 프로젝트를 통한 투자금 회수 극대화 등 다양한 분야에 활용할 수 있는 것으로 분석됐다.

2006년 한 해 동안 혁신에 투자한 자금이 2005년보다 10% 이상 늘었다는 응답은 40%에 불과했다. 대부분 응답자가 '다소 증가'나 '거의 동일'이라고 답한 것이다. 이는 혁신에 대한 개념 정리와 인식 확산이 아직도 미흡하기 때문으로 해석된다.

[요점정리]

1. 재무비율의 비교분석으로 기간분석, 기업 간 분석, 기업 내 분석에 대해 알아보았다.

2. ROI 분석(듀폰시스템)을 이용하여 ROA 변동요인 분석과 ROE 변동요인 분석을 알아보고 ROI 분석의 장단점을 알아보았다.

3. 재무비율의 종합분석으로 종합지수법과 원형도표법에 대해 논의하였다.

[퀴즈문제]

* 아래의 내용이 맞으면 T, 틀리면 F를 빈칸에 넣어 주세요.

1. 기간분석이란 재무비율분석의 한 방법으로 기간을 중심으로 분석을 하는 방법이다. 즉, 몇 개 기간의 재무비율이나 재무수치비교를 통하여 분석이 이루어지며, 주로 추세분석(trend analysis)이 사용된다. (   )

2. ROI분석의 장점은 활동성, 수익성 등 경영성과의 변동원인을 제공해 준다는 점과 아울러 경영자, 종업원의 업적평가를 통한 통제가 가능하다는 점이다. (   )

3. 재무비율의 종합평가방식으로는 경영성과나 재무상태를 종합점수화하는 방법으로 월(Alexander Wall)과 트랜트(J. B. Trant) 식이 있다.
(   )

[정답] 1. (T) 2. (T) 3. (T)

[용어정리]

① 원형도표법(radar chart method)
경영상태를 표시하는 기본적 요소를 수익성, 안정성, 활동성, 유동성 또는 성장성으로 결정하고 각 요소를 평가할 수 있는 관계비율을

선택하여 기입함으로써 상호 비교할 수 있고, 경영상태를 종합적으로
평가하는 방법이다.

② 월(Alexander Wall) 법

종합분석방법으로 월에 의해 1910년 개발된 방식이다.

동태비율보다는 정태비율을 중시하는 종합지수법이다.

③ 트렌트(J. B. Trant)

종합분석방법으로 트렌트에 의해 개발된 방식이다.

동태비율(회전율)을 중시하는 종합지수법이다.

[참고문헌]

강영수, 『재무분석 기초 끝내기』, 2010, 한솜미디어
김성민, 『재무분석』, 2007, 새로운 제안
김철중, 『재무분석』, 2010, 한국금융연수원
이건희, 『재무분석』, 1999, 학문사
이의경, 『재무분석』, 2008, 신론사
임태순, 『경영학원론』, 2010, 한국학술정보(주)
임태순, 『금융시장』, 2010, 한국학술정보(주)
임태순, 『재무관리』, 2011, 한국학술정보(주)
장영광, 『경영분석』, 2010, 무역경영사

기타분석과 질적 경영분석

학습목표

1. 본 강의를 수강한 후에 여러분들은 재무제표분석의 모든 논의점에 대해 설명할 수 있을 것이다.
2. 본 강의를 수강한 후에 여러분들은 레버리지 분석에 대한 이해를 하고 설명할 수 있으며 또한 이를 어떻게 활용하는지에 대한 기술적 방법을 설명할 수 있을 것이다.
3. 본 강의를 수강한 후에 여러분들은 손익분기점 분석에 대한 설명을 할 수 있고, 또한 이를 어떻게 활용할 것인가에 대해서도 설명할 수 있을 것이다.

제7장 재무제표분석의 제 논점과 기타분석

1. 재무제표분석의 제 논점

1.1 회계적 자료의 문제점

문제 1) 회계자료를 가지고 기업 내의 경제적 사건을 효과적으로
측정하는 데 문제점이 있다.

☞ 함께 논의하기 ☜

발생주의와 실현주의?

회계적 이익(accounting income): 실현주의를 원칙

경제적 이익(economic income): 발생주의를 원칙(가치의 변동을 측정)

▷ **회계적 이익과 경제적 이익이 차이를 보이는 이유**

① 경제적 이익은 실현주의가 아닌 발생주의 원칙으로

② 회계적 이익은 취득원가에 의존하는 역사적 가치이므로 물가수

준(CPI, WPI)을 미반영함.

③ 기업가치에 영향을 주는 미래이익의 처리의 차이점

예) 신제품도입으로 인한 미래수요증가 ⇨ 경제적이익(≠ 회계적 이익)

문제 2) 회계처리 방법의 다양성: LIFO(후입선출법), FIFO(선입선출법) 등

예) 재고자산의 경우, 선입선출법, 후입선출법, 평균법 중 선택하는
데, 물가상승률이 빠르게 진행된다면 차이가 발생함

문제 3) 회계처리의 투명성과 신뢰성

예) 회계 이익의 고무줄 보고(분식회계)의 방지 ⇨ 윤리경영

1.2 상호 비교 · 추세분석의 문제점

1) 비교분석

① 벤치마킹: leading company
② 산업평균
③ 경쟁자
④ 표준비율

2) 문제점

① 산업분류(현 통계청 소관): 상호비교의 기준이 되는 표준비율로
서 사용되는 산업평균비율의 산업분류가 적절한가 하는 문제

② 통계의 함정

예) 평균의 의미: average(평균), median(중위수), mode(최빈값)

1.3 재무비율의 산업 간 차이

① 산업의 자본집약도와 경쟁구조

〈표 7-1〉 자본집약도와 경쟁구조

자본집약도	경쟁구조의 특성	경쟁전략
높음	독점	고마진 전략
보통	과점	마진과 회전전략 혼합
낮음	완전경쟁	고회전 전략

② 매출액증가율(%) 대 매출액영업이익률(%): 고이윤-고매출형, 저이윤-고매출형, 저이윤-저매출형, 고이윤-저매출형

2. 레버리지 분석

▷ 미래경영성과의 예측

① 레버리지 분석

② 질적분석

③ 재무예측

④ 부실기업예측

2.1 구조적인 측면에서

대차대조표(B/S)의 분해

〈표 7-2〉 재무상태표(혹은 대차대조표)의 분해

차변 (operation): 운용	대변 (source): 원천

2.2 총비용(TC: total cost)=고정비(FC: fixed cost)+ 변동비(VC: variable cost)

▷ **레버리지효과**(leverage effect 혹은 손익확대효과)

① 고정비의 비중이 높아질수록 매출액이 일정한 폭으로 신장할 경우 이익의 신장폭은 더 크고, 반대로 매출액이 일정한 폭으로 감소하면 이익의 감소폭(손실의 확대효과)이 더 커지는 현상

② 레버리지 분석은 비용(cost)-조업도(volume)-이익(profit)의 관계를 다루는 CVP분석(손익분기점 분석, 레버리지 분석)의 하나

③ idea: (아래 <그림 7-1> 참조)

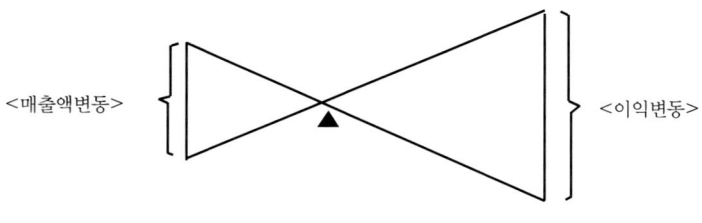

<매출액변동>　　　　　　　　　　　<이익변동>

〈그림 7-1〉 레버리지효과[15]

---

15) 장영광, 『재무분석』, 1999, 무역경영사. p.270.

④ 응용:

　　ⓐ 기업의 손실을 면하기 위한 최소판매량?

　　ⓑ 원하는 목표이익을 위해 필요한 판매량은 얼가인가?

　　ⓒ 기업의 주요의사결정-판매단가의 인상 혹은 인하?

　　ⓓ 특정제품의 기업의 전체이익의 공헌도? 등…

2.3 손익분기점 분석(BEP 분석: break-even-point analysis)

① idea: Total Profit＝Total Cost

　　총비용과 총이익이 같다는 손익분기점에서 생산수준(volume level)은 어떻게 되나?

② 비용의 특징

　　ⓐ 총고정비: 생산량이 증가하면 단위당 고정비는 감소

　　ⓑ 변동비: 생산량에 비례

③ BEP 분석

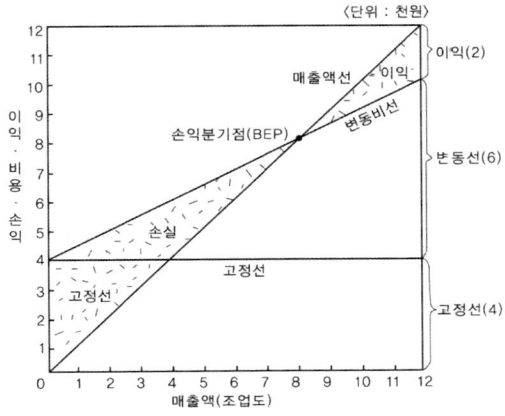

〈그림 7-2〉 BEP 분석

3. 손익분기점 분석(BEP분석)

3.1 그림적 접근

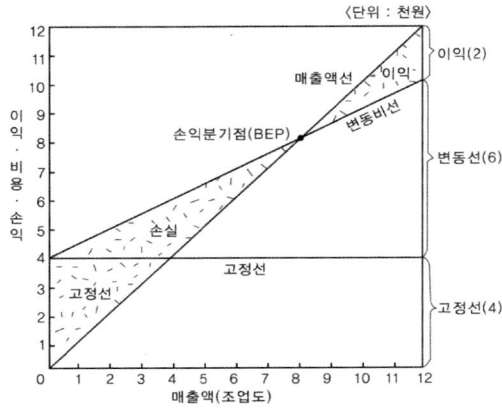

〈그림 7-3〉 BEP 분석

3.2 수식적 접근

$$TR(총수입선) = p * q \qquad \text{------①}$$

$$TC(총비용선) = FC + VC$$
$$= FC + v * q \qquad \text{------②}$$

$$\pi = TR - TC = p * q - (FC + vq)$$
$$= (p - v)q - FC \qquad \text{------③}$$

수식 ③에서 양쪽의 변화율을 구하면

$\Delta\pi=(p-v)\Delta q$ (FC는 고정)   ------④

여기서, (p−v)는 공헌이익(contribution margin)

수식 ③에서 BEP에서는 TR=TC

p * q=(FC+vq)

q (p - v)=FC

$$q= \frac{FC}{p-v}$$ ------⑤

$$단위당\ 변동비율= \frac{V}{P}$$ ------⑥

$$공헌이익률= \left(1-\frac{V}{P}\right)$$ ------⑦

$$목표이익(매출량)= \frac{FC+목표이익}{p-v}$$ ------⑧

$$목표이익(판매액)= \frac{총고정비}{1-변동비율} = \frac{총고정비}{공헌이익률}$$ ------⑨

3.3 가정

① 판매단가는 고정
② VC(변동비)는 생산량에 비례, FC(고정비)는 적정범위 내에서 고정
③ TC는 VC와 FC로 분리 가능

3.4 실전문제

예제) 롯데제과에서 판매되는 자일리톨 껌에 대해서 판매단가는 500
원/통, 총고정비는=1,500만원, 단위당 변동비는 100원이라면

① 공헌이익, 변동비율, 공헌이익률은 얼마인가? 만약 10만 통을
생산한다면 그 수익은?
② 만일 거대 상점에서 30,000통을 300원에 추가 주문한다면 수락
해야 하나, 말아야 하나?
③ 목표이익이 5,000만원이라면 생산수량은 얼마여야 하나?

加, 세계 경제 '모범생' 급부상[16]

주요 20개국(G20) 정상회담을 개최하는 캐나다가 저정 정책과 금융시장 관리 등에서 선진권의 '모범생'으로 급부상하고 있다. 캐나다는 미국과 유럽의 선진국들과는 달리 금융 위기를 비켜갔으며 성장도 지난 1분기 6.1%에 달했다. 주택시장도 활력을 유지하고 있으며 경기침체 속에 실직한 40만 명 중 4분의 3이 다시 일자리를 찾았다.

이 때문에 버락 오바마 미 대통령은 미국이 캐나다 은행 시스템을 본받아야 한다고 말했으며 영국의 조지 오스본 재무장관도 캐나다식으로 재정 적자를 줄이는 법을 배우겠다고 밝혔다.

짐 플래허티 캐나다 재무장관은 20일 AP와의 회견에서 "금융 위기를 버티어낸 우리 금융 시스템을 자랑스럽게 생각한다."면서 금융 위기 전인 "지난 2007년에는 '캐나다 은행 비즈니스가 활력이 없다'느니 '너무 위험을 피해가려고만 한다'고 말하던 이들이 2주 전에 만났더니 '캐나다 금융 시스템이 매우 견고하며 안정돼 있다'고 칭찬하더라."고 강조했다.

캐나다 은행들이 안정된 이유는 미국과 유럽이 지난 15년간 규제를 완화한 데 반해 캐나다는 오히려 강화한 덕택이다. 캐나다 은행들은 또 미국과 유럽처럼 무리하게 레버리지도 하지 않았다. 이 때문에 캐나다는 모기지 시장 붕괴가 없었고 미국처럼 서브프라임 모기지

---

16) 『매일경제신문』, 2010. 6. 21.

위기도 맞지 않았다.

또 주요 5개 은행이 금융 거래를 좌지우지하는 캐나다의 중앙 집중식 금융 시스템도 시장 안정에 도움이 됐다는 분석이다. 여기에 금융 규제 당국자들과 주요 은행 경영자가 개인적으로 친분이 있는 것도 은행 비즈니스 투명화를 촉진시켰다는 것이다.

재무장관 출신으로 지난 2003~2006년 자유당 정부 총리를 지낸 바 있는 폴 마틴은 "우리 은행들이 잘 관리됐으며 규제도 더 잘 이뤄졌다."면서 "미국과 유럽 은행 경영진이 그들의 위기가 얼마나 심각한 것인지를 알지 못했다는 점이 놀라울 뿐"이라고 말했다.

그는 지난 1990년대 재무장관일 때 엄청난 재정 적자를 타개해 이후 12년 연속 흑자 재정이 가능토록 기반을 닦았다는 평가를 받았다.

현 보수당의 스티븐 하퍼 총리는 지난 2006년 자유당으로부터 정권을 넘겨받은 후 감세하고, 침체 극복을 위해 경기를 부양함으로써 재정을 또다시 적자로 만들기는 했으나 전임 정부의 금융정책 기조를 상당 부분 유지해왔다.

이런 가운데 하퍼 정부는 다른 어느 선진국보다 침체에서 빠르게 빠져나왔고 비록 재정 적자율이 여전히 기록적인 수준이긴 하지만 선진국 가운데 유일하게 2015년까지 흑자 전환이 가능할 것으로 국제통화기금(IMF)이 전망하고 있다.

캐나다는 또 선진국 가운데 금융 위기 이후 처음으로 이달 들어 금리를 인상하기도 했다.

마틴 전 총리는 AP 회견에서 지난 1993년 자유당이 정권을 넘겨받았을 때 재정 적자가 300억 달러였으며 공공채무 이자만도 세입의 36%일 정도로 상황이 나빴다면서 이 때문에 당시 무디스가 캐나다의 신용 등급을 두 차례나 강등했음을 상기시켰다.

당시 재무장관이던 마틴은 이내 재정 삭감에 들어갔는데 캐나다 달러 약세와 미 경제 붐이 재정 회복에 도움이 됐다고 회상했다. 한 예로 1998년 정부가 목표했던 적자 55% 삭감이 성장 호조와 정부 지출을 35% 줄임으로써 달성 가능했다고 마틴은 덧붙였다.

마틴은 "국제사회가 우리를 모델로 보고 있다."면서 "여러 나라에서 나에게 노하우를 전수해달라고 요청한다."라고 말했다.

당시 마틴의 재무 정책을 책임졌던 돈 드러먼드는 그러나 지금의 여건이 미국과 유럽에 결코 만만치 않다면서 "1990년대 말의 경제 상황이 지금보다 나았기 때문"이라고 말했다. 당시는 무역도 크게 증가했으며 금리도 하향세였다고 지적했다.

드러먼드는 미국과 유럽이 "캐나다로부터 많은 것을 배울 수 있을 것"이라면서 그러나 "그들의 시작 여건은 매우 나쁘다."라고 말했다.

[퀴즈문제]

* 아래의 내용이 맞으면 T, 틀리면 F를 빈칸에 넣어 주세요.

1. 재무제표분석의 문제점 중의 하나는 회계자료를 가지고 기업 내의
   경제적 사건을 효과적으로 측정하는 데 문제점이 있다는 점이다. (   )

2. 재무제표분석의 문제점 중의 하나는 회계처리 방법의 다양성(예,
   LIFO, FIFO 등)으로 인하여 차이가 발생할 수도 있다는 점이다. (   )

3. 재무제표분석의 문제점 중의 하나는 회계자료의 신뢰성에 대해
   문제점이 있다는 점이다. (   )

[정답] 1. (T) 2. (T) 3. (T)

[요점정리]

1. 재무비율분석의 제 논점에 대해 알아보았다.

2. 레버리지 분석에 대해 논의하였다.

3. 손익분기점 분석에 대해 논의하였다.

[용어정리]

① 레버리지 효과

고정비의 비중이 높아질수록 매출액이 일정한 폭으로 신장할 경우, 이익의 신장폭은 더 크고, 반대로 매출액이 일정한 폭으로 감소하면 이익의 감소폭(손실의 확대효과)이 더 커지는 현상을 의미한다.

② 경제적 이익과 회계적 이익

경제적 이익은 실현주의가 아닌 발생주의를 원칙으로 하고 회계적 이익은 취득원가에 의존하는 역사적 가치이므로 물가수준(CPI, WPI)을 반영하지 못한다.

[참고문헌]

강영수, 『재무분석 기초 끝내기』, 2010, 한솜미디어
김성민, 『재무분석』, 2007, 새로운 제안
김철중, 『재무분석』, 2010, 한국금융연수원
이건희, 『재무분석』, 1999, 학문사
이의경, 『재무분석』, 2008, 신론사
임태순, 『경영학원론』, 2010, 한국학술정보(주)
임태순, 『금융시장』, 2010, 한국학술정보(주)
임태순, 『재무관리』, 2011, 한국학술정보(주)
장영광, 『경영분석』, 2010, 무역경영사

1. 본 강의를 수강한 후에 여러분들은 질적경영분석의 개념을 설명하고, 아울러 산업분석에 대해 설명할 수 있다.
2. 본 강의를 수강한 후에 여러분들은 포터의 산업구조분석의 관점에 의한 산업분석을 설명할 수 있다.
3. 본 강의를 수강한 이후에 여러분들은 기업분석에 대해 설명할 수 있다.

제8장 질적 경영분석

1. 산업분석

1.1 산업구조분석

1) 의의

① 기업이 직면하는 위험, 경쟁력 및 수익성 등은 산업의 구조적
특성의 영향을 받기 때문에 거시적인 관점에서 기업의 경영분
석은 당연히 산업적 요인의 분석이 선행되는 경향이 있다.
② 산업분석은 산업 간 분석(inter-industry analysis)과 산업 내 분석(intra-industry
analysis)을 포함하여 종합적으로 이루어진다.

2) 방법

방법으론 주로 포터(M. E. Porter)의 산업구조분석, 제품의 수명주기

이론(product life cycle theory), 산업의 수요와 공급 분석 등이 이용된다.

1.2 산업구조분석 - 포터의 구조적 경쟁요인

포터는 특정산업의 경쟁강도는 5가지(진입장벽, 대체가능성, 기존업체 간의 경쟁, 구매자의 교섭력, 공급자와의 교섭력)에 있다고 보았다.

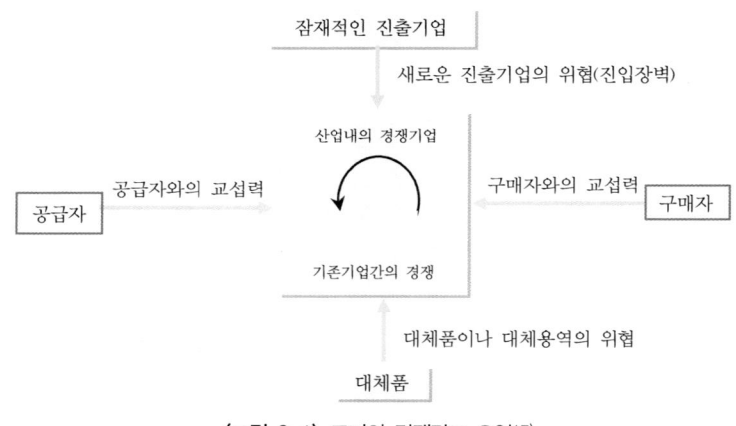

〈그림 8-1〉 포터의 경쟁강도 요인[17]

1) 진입장벽

진입장벽(barriers to entry)은 신규진입에 대한 장애를 유발시키는 장벽을 의미한다. 진입장벽이 구축되어 있는 당해 산업에 이미 진출해 있는 기업들은 수익성이 높고 영업위험이 적게 되고, 진입장벽이 없

---

17) 장영광, 『재무분석』, 1999, 무역경영사, p.321.

는 산업 내의 기업들은 수익성이 낮고 새로운 경쟁자의 출현으로 이 윤저하 등의 위험이 높아질 수 있다.

예) 신규진입이 예상되면 판매단가를 현저히 낮추는 방법: 장치산업 등

① 규모의 경제가 잘 나타나는 경우

    ⓐ 규모의 경제가 잘 나타나는 산업의 경우, 시장의 새로운 진입자는 규모에서의 열세에 따른 높은 생산원가를 감수하게 되므로 진입의 억제요인으로 작용한다.

    ⓑ 평가: 규모의 경제는 범위의 경제효과까지 얻을 수 있는 장점이 있으나, 제품차별화나 새로운 기술 도입의 어려움에 직면할 수도 있다.

    예) Ford의 대량생산체제

② 제품차별화가 잘 이루어진 경우

제품차별화가 이루어졌다는 의미는 기존기업들이 자사제품에 대한 브랜드 포지셔닝을 가지고 있고, 고객의 신뢰를 확보한 상태이기에 새로운 진입자들은 추가적인 홍보와 판촉비의 투자가 요구되어 진입장벽의 구실을 한다.

예) 제약업, 화장품업

③ 소요자본이 막대한 경우

거액의 소요자본이 요구되는 경우, 새로운 진입자들은 기존업체와 경쟁하기 위해선 많은 투자가 요구되어 진입장벽의 구실을 한다.

예) 반도체산업, 자동차산업

④ 교체비용이 클 경우

구매자가 기존제품에서 다른 공급자의 제품으로 바꿀 때 부담하게 되는 비용이 크면 새로운 진입자에게는 진입장벽의 구실을 한다.
　예) 연탄보일러 대 가스보일러

⑤ 기타: 기존의 판매망이 견고한 경우

기존업체의 절대 원가 우위: 유리한 원자재확보, 독점적 생산기술 등

2) 기존 기업 간의 경쟁강도

기존 기업 간의 경쟁강도는 진입장벽(barriers to entry)은 신규진입에 대한 장애를 유발시키는 장벽을 의미한다. 기존기업 간의 경쟁강도는 산업의 성숙에 따른 성장률의 변화로 경쟁강도가 달라지는 경우가 있다.

어떤 산업이 성숙기에 접어들면 성장률은 떨어지고 그 결과 경쟁이 가열되어 이윤이 떨어지고 산업 자체가 재편성되기도 한다. 기존업체 간의 경쟁강도는 아래와 같은 구조적인 요인에 의해 결정된다.

① 경쟁기업의 수
　ⓐ 경쟁기업의 수가 많을수록 이단기업이 생길 가능성이 많으며, 이런 이단기업은 기습적으로 경쟁유발적인 조치를 할 가능성이 증대된다.
　ⓑ 경쟁기업끼리 대등한 경우에는 불안정한 상태가 유지되기 때문에 기업들은 서로 출혈경쟁의 양상을 나타내기 쉽다
　ⓒ 과점의 상태와 같이 주도기업이 있는 경우에는 경제의 균형

을 이루는 구실을 한다.

⇨ 산업의 집중도를 측정하여 산업의 경쟁강도를 평가함

② 산업의 성장률

    ⓐ 성장속도가 빠른 경우: 확장을 추구하는 경쟁기업들은 시장
      점유율 확대에 전력

    ⓑ 성장속도가 완만한 경우: 쟁의 심화로 경영자원의 소진 가능성

③ 가격경쟁의 가능성 및 제품차별화 정도

기업의 경쟁방법은 원가우위전략(혹은 가격전략)과 제품차별화 전략으로 구분이 된다. 가격경쟁의 양상이 높은 산업은 수익성에 악영향을 미치는 출혈경쟁의 가능성이 있기에 구조적으로 취약한 산업이 된다. 제품차별화 전략이 구사되는 산업의 경우에는 출혈경쟁과 무관할수 있다.

④ 고정비의 크기와 재고 비용

거액의 소요자본이 요구되는 산업의 경우, 시장의 새로운 참여자는 기존의 기업들과 경쟁하기 위하여 거액의 투자자본으로 인한 위험부담으로 진입장벽의 요인으로 작용할 수 있다.

예) 컴퓨터, 자동차, 조선업

⑤ 대규모 사업 확장

규모의 경제가 적용되는 산업의 경우, 시설확장을 할 때 대규모로 이루어지기에 수급의 균형이 차질을 빚어서 만성적인 유휴설비 및

가격 인하의 악순환이 될 수 있다.

⑥ 경쟁업체의 다양성
    ⓐ 모기업과 수직적인 체인관계에 있는 기업과 단독기업인 경우
    ⓑ 경쟁기업이 외국기업인 경우

⑦ 전략적 이해관계
    ⓐ 국내: 효성(재계 21위) 대 코오롱(재계 28위)—수입차 시장으로
    ⓑ 외국: 시장침투전략으로 혼다, 도요타, 소니, 현대자동차 등

3) 대체가능성

대체품의 가능성은 기업이 가격을 결정하는 데 일정한 상한선을 제시하며 아울러 기업이 속한 산업의 이익잠재력을 제한하게 된다.

4) 구매자의 교섭력

구매자와 공급자의 관계에서 어느 쪽이 가격결정, 품질조건, 결제조건 등에 있어서 교섭력(bargaining power)을 가지는지에 따라 해당산업의 수익성이 영향을 받을 수 있다.

① 구매집중도가 높거나 공급자의 판매량 중에서 상당량을 차지할 경우, 교섭력은 증대
② 제품이 규격화되어 있거나 제품차별화가 거의 되어 있지 않은

경우, 교섭력은 증대

③ 구매자의 마진이 낮을 경우, 교섭력은 증대

5) 공급자의 교섭력

공급자는 매출가격의 인상이나 제품 및 서비스의 질을 하락시키는 위협 등으로 교섭력을 강화시킬 수 있지만 상대방의 이익은 감소됨을 인식해야 한다.

① 공급자가 판매하는 제품에 대체품이 없을 경우
② 공급자가 여러 산업에 걸쳐 제품을 공급하고 있을 경우

1.3 제품수명주기(PLC)이론에 의한 산업분석

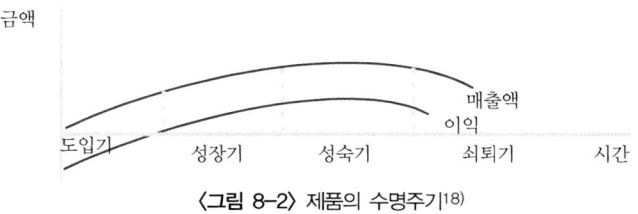

〈그림 8-2〉 제품의 수명주기[18]

---

18) 임태순, 『경영학원론』, 2010, 한국학술정보(주), p.140.

구분	도입기	성장기	성숙기	쇠퇴기
제품	·제품의표준화 미비 ·품질 열악	·차별화 진행 ·충성고객확보가 매우 중요 ·지속적 품질개선	·최고수준의 품질 ·표준화	·차별화가 없음 ·품질저하
마케팅	·마케팅비용 증가	·A/S 비율 하락 ·홍보, 광고가 중요하게 대두	·시장세분화 가속 ·제품다양화 시도	·마케팅비용 감소
제조유통	·높은 생산원가 ·투자비용증가 ·유통망구축 미비	·조업도 높음 ·대량생산체제 ·유통경로 확보	·조업도 낮아지기 시작 ·제조과정 안정 ·유통비용 증가	·낮아지는 조업도 ·과잉설비
경쟁 리스크	·경쟁상태 적음 ·큰 리스크	·참여업체 증가 ·경쟁 증가	·가격경쟁 치열 ·일부업체는 철수 ·업계 재편	·철수기업증가 ·경쟁 줄어듦
수익성	·높은 마진 ·높은 가격	·높은 수익성 ·가격은 낮아짐	·가격하락 ·마진 감소	·낮은 마진 ·낮은 가격 ·가격은 하락 지속

1) 도입기

① 도입기는 신제품이 시장에 소개되어 구매의 대상이 되는 기간으로 본격적인 수요를 위해서는 상당기간이 걸리며 매출증가율은 저조한 시기이다.

② 경쟁자의 수는 적고 시장에 아직 신제품이 덜 알려져 있기 때문에 경영관리 기능 중에서 마케팅능력이 탁월해야 성공한다.

③ 일반적으로 도입기에서는 제품의 가격이 높은 편이지만, 이윤폭은 낮아지는 경향이 있다.

2) 성장기

① 성장기에는 수요가 급증하고 새로운 경쟁자들이 산업에 진출하는 시기로 시장규모가 증대되기 시작한다.
② 가격은 수요가 증가하는 한 처음 수준을 유지하거나 약간 하락하는 경향이 있다
③ 이 기간에는 이윤은 증가하는 경향이 있고, 수익성은 양호한 편이고, 사업위험은 적다.

3) 성숙기

① 성숙기에는 시장의 수요가 포화상태에 이르게 되며, 기업은 시장점유율 확대를 위한 가격인하경쟁이나 판촉비의 증가가 눈에 띈다.
② 악화된 수익성을 개선하는 것이 필요한 단계이다.
③ 경쟁력이 약화된 기업은 도태되기 시작한다.

4) 쇠퇴기

① 판매량이 감소한다.
② 유휴생산시설이 증가하고 가격하락과 이윤감소의 현상이 초래된다.
③ 기업은 생산을 감소시키고 가격과 광고비를 낮추게 된다.

2. 기업분석

2.1 업계에서의 경쟁적 지위

① 시장점유율(market share)
② 성장률(growth rate)과 잠재력(potential)
③ 경영의 다각화, 분위기: 노사분규 가능성
④ 원가우위: 원료의 독점과 안정적 공급의 정도, 정부의 특혜
⑤ 경영진의 경영능력

2.2 경영전략평가

1) 경영전략의 적합성

① 전반적인 가격우위전략(cost leadership)
② 차별화전략(differentiation)
③ 특화전략(focus)
예) 틈새전략(niche market): 씽씽 ⇨ 퀵보드

2) 부문별 전략평가

① 제품·서비스의 다양성: 단일제품, 복수제품라인
② 지역범위: 세계시장, 전국시장
③ 판매망 정책

④ 상표정책: 자사상표, OEM

⑤ 마케팅 집중도: 판매촉진의 강도, 인적판매, 광고

⑥ 수직적 계열화: 전후방 통합

⑦ 가격정책: 저가정책, 고가정책

⑧ 투자전략: 자체내적 개발, M&A

3) 가치사슬형에 의한 평가

① 본원적 업무활동: 구매, 물류, 제조, 배달, 마케팅, 판매, AS

② 지원 업무활동: 전략, 재무, 회계, 기술개발

4) 제품포트폴리오 분석(PPM 분석: product portfolio matrix)

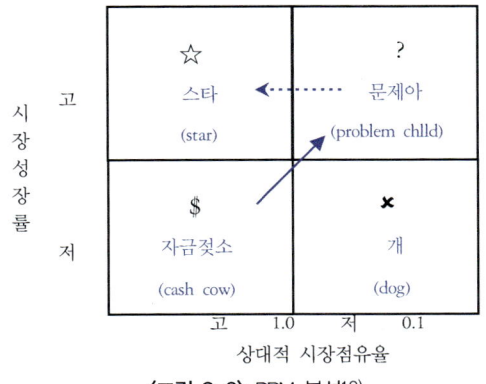

〈그림 8-3〉 PPM 분석[19]

---

19) 장영광, 『재무분석』, 1999, 무역경영사, p.346.

① 의문부호(문제아=problem child)

신제품, 대규모의 현금흐름(-)

② 스타(star)

높은 시장 점유율 가능성

소규모의 (+) 또는 (-) 현금흐름

③ 개(dogs)

실패상품

PLC 상의 쇠퇴기 제품

소규모의 (+) 또는 (-) 현금흐름

④ 자금젖소(cash cows)

수확제품

대규모의 (+) 현금흐름

5) 산업유망성과 사업경쟁위치 분석

* GE Planning Grid: 사업유망성과 사업경쟁위치

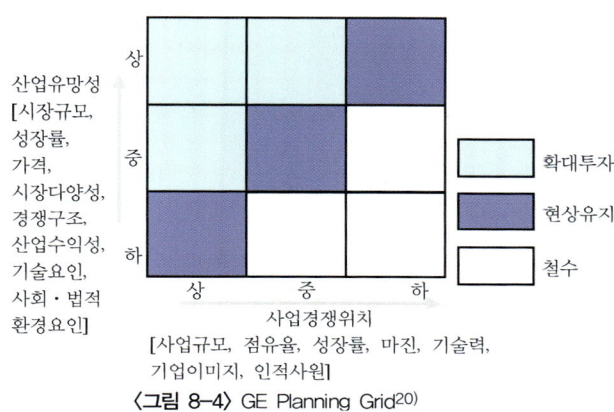

산업유망성
[시장규모,
성장률,
가격,
시장다양성,
경쟁구조,
산업수익성,
기술요인,
사회·법적
환경요인]

상

중

하

상   중   하
사업경쟁위치
[사업규모, 점유율, 성장률, 마진, 기술력,
기업이미지, 인적사원]

확대투자

현상유지

철수

〈그림 8-4〉 GE Planning Grid[20]

---

20) 장영광, 『재무분석』, 1999, 무역경영사, p.347.

스티브 잡스 "건강" vs. "재입원" 와글와글[21]

병가를 내고 공식석상에서 모습을 감췄던 애플의 최고경영자(CEO) 스티브 잡스가 최근 애플 본사와 인근 식당 등지에서 건강한 모습으로 목격돼 눈길을 끌고 있다고 미국 언론들이 11일 보도했다. 그러나 월스트리트 주변에서는 전날인 10일 주가가 급락하자 잡스가 다시 입원했다는 소문 때문이라는 분석이 나오는 등 잡스의 건강과 관련해 상반된 소식들이 전해지면서 미국 내 투자자들이 혼란스러워하고 있다.

미 경제전문 매체인 비즈니스 인사이더는 작가이자 대형은행 컨설턴트인 매튜 크로스가 지난달 31일 캘리포니아 주 쿠퍼티노 시에 있는 애플 본사에서 스티브 잡스를 목격한 사실을 자신의 블로그를 통해 전했다고 보도했다.

크로스는 비즈니스 인사이더와 인터뷰에서 "애플 본사의 '1 인피니트 루프' 현관 앞에서 잡스가 아이폰으로 통화하면서 걸어 나오는 것을 바로 10피트(3m) 거리에서 목격했다."면서 "그를 쫓아갔지만 통화 중이어서 말을 건네지는 못했다."라고 말했다.

크로스는 "잡스가 매우 활력 있게 걸었고, 목소리도 우렁차서 마치 프레젠테이션을 위해 무대 위에 있는 것처럼 보였을 정도"라며 "얼굴에는 멋진 미소를 띠고 있었다."라고 전했다.

---

21) 『매일경제신문』, 2011. 2. 12.

이와 함께 미 경제전문지 포춘 인터넷판은 서로 다른 두 사람이 10일 오후 애플 본사에서 승용차로 30분 거리에 있는 실리콘밸리 내 마운틴뷰 시 인도 식당에서 식사 중인 스티브 잡스를 봤다는 목격담을 트위터를 통해 전했다고 보도했다.

앞서 월스트리트저널도 잡스가 자신의 집에서 각종 회의를 하고 전화로 업무지시를 하는 등 병가 중에도 왕성하게 경영활동을 하고 있다고 보도했다.

그러나 10일 오후 1시께(현지시간) 단 4분 만에 애플의 주가가 355달러에서 349달러로 급락하면서 시가총액이 무려 100억 달러나 사라진 것과 관련해 증시 주변에서는 한때 스티브 잡스가 다시 병원에 입원했다는 소문이 돌았기 때문이라는 보도가 나오기도 했다.

* 아래의 내용이 맞으면 T, 틀리면 F를 빈칸에 넣어 주세요.

1. 마이클 포터(M. E Porter)는 산업구조분석에서 특정산업의 경쟁 강도는 진입장벽, 대체가능성, 기존업체 간의 경쟁, 구매자의 교섭력, 공급자와의 교섭력에 있다고 보았다. (   )

2. 제품의 생명주기는 도입기, 성장기, 성숙기, 쇠퇴기라는 사이클을 가지기에 기업 차원에서는 이에 따른 전략을 구사하여야 한다. (   )

3. PPM분석은 제품포트폴리오 분석으로 시장성장률과 상대적시장 점유율을 통하여 기업분석 및 제품분석을 하는 것이다. (   )

[정답] 1. (T) 2. (T) 3. (T)

[요점정리]

1. 산업분석(I)에 대해 알아보았다.

2. 산업분석(II)에 대해 알아보았다.

3. 기업분석에 대해 논의하였다.

[용어정리]

① 진입장벽

진입장벽(barriers to entry)은 신규진입에 대한 장애를 유발시키는 장벽을 의미한다. 진입장벽이 구축되어 있는 당해 산업에 이미 진출해 있는 기업들은 수익성이 높고 영업위험이 적게 되고, 진입장벽이 없는 산업 내의 기업들은 수익성이 낮고 새로운 경쟁자의 출현으로 이윤저하 등의 위험이 높아질 수 있다.

② 포터의 구조적 경쟁요인

포터는 특정산업의 경쟁강도를 5가지로 보았는데, 진입장벽, 대체가능성, 기존업체 간의 경쟁, 구매자의 교섭력, 공급자와의 교섭력 등을 꼽았다.

[참고문헌]

강영수, 『재무분석 기초 끝내기』, 2010, 한솜미디어
김성민, 『재무분석』, 2007, 새로운 제안
김철중, 『재무분석』, 2010, 한국금융연수원
이건희, 『재무분석』, 1999, 학문사
이의경, 『재무분석』, 2008, 신론사
임태순, 『경영학원론』, 2010, 한국학술정보(주)
임태순, 『금융시장』, 2010, 한국학술정보(주)
임태순, 『재무관리』, 2011, 한국학술정보(주)
장영광, 『경영분석』, 1999, 무역경영사

1. 기업부실에 대해 학습한 후에 여러분들은 기업부실의 개념이 무엇이고 기업부실의 의의가 무엇인가에 대해 설명할 수 있을 것이다.
2. 본 과정을 학습한 후에 여러분들은 주요국의 기업부실이 어떠한 원인에 기인하였는지에 대해 설명할 수 있을 것이다.
3. 본 과정을 학습한 후에 우리나라 기업의 부실원인이 무엇이고 기업부실 은 어떻게 처리되는가에 대해 설명할 수 있을 것이다.

제9장 기업부실

1. 기업부실의 의의

1.1 기업부실의 영향

기업부실은 당해 기업의 이해관계자에게 지대한 영향을 미친다. 기업이 계속기업(going concern)으로 남아 있지 못하고 부실화되었을 경우의 영향을 이해관계자를 중심으로 살펴보자.

1) 주주(stock holder)

기업부실은 주주 부(富 or wealth)의 감소를 유발시킨다.

기업이 파산하게 되면 기업은 직접파산비용과 간접파산비용으로 인하여 소유하고 있던 주식의 가치가 하락하거나 완전히 가치가 없어진다.

① 직접파산비용: 소송비용, 법률고문비용
② 간접파산비용: 생산활동의 중단으로 인한 매출의 감소

2) 채권자(bond holder)

기업의 부실은 위험의 증대로 인한 채권가치의 하락을 부채질하며 일단 기업이 파산하게 되면 청산가치(liquidation value)를 크게 줄여 채권자의 부를 감소시킨다.

3) 사회, 경제적인 측면

기업부실은 사회 및 경제적인 관점에서 볼 때, 실업의 증가, 투자와 성장의 둔화로 인한 실직을 양산, 금융기관 부실채권 증가, 금융비용의 증대로 인한 기업의 채산성을 악화시킬 뿐만 아니라, 국가의 신용도를 하락시키는 원인을 제공할 수 있고, 장기적인 경기침체의 원인을 제공할 수도 있다.

따라서 정책적인 차원에서 경쟁력이 뒤지는 산업이나 사양산업 및 부실기업에 대해서는 장기적인 안목에서 구제와 정리가 요망된다.

1.2 기업부실의 정의

① 기업부실(corporate failure)이란 일반적으로 재무상태가 부실로 인해 기업이 채권자의 법적 요구사항을 충족시킬 수 없는 가능성이 높아진 상태를 말한다.

② 현실적으로는 경영상태가 악화된 기업을 지칭하는 경우도 있고, 기업 활동을 종식해야 하는 법률적인 파산상태를 의미할 때도 사용된다.

③ 종합적인 의미에서 기업부실은 경영부실, 지급불능, 법률적인 도산(파산)을 포함하는 포괄적인 개념이다.

1.3 기업부실의 종류

1) 경영 부실

경영부실(business failure)이란
① 기업의 총수익이 총비용에 미달하거나,
② 평균 투자수익률이 자본 비용에 미달하거나,
③ 실현된 수익률이 업종의 평균수익률에 미달하는 것을 의미한다.

이들의 원인은 수익성 저하이다. 이러한 상태가 지속되면 경영성과가 악화되고 경영기반이 취약해져 지급불능이나 법률적 도산이 될 가능성이 높다.

2) 지급불능

지급불능(solvency) 상태는 해당시점에서 현금의 유동성이 부족하여 만기가 된 채무를 상환하지 못하거나 어음이 부도처리 되는 사건이 발행하는 경우를 의미한다.
지급불능 상태는 기술적인 지급불능과 실질적인 지급불능으로 구분된다.
① 기술적 지급 불능 상태

일시적 유동성 경직이 원인이기 때문에 일시적이고, 자금의 융통에 따라 정상으로 회복될 수도 있다. 그러나 이 단계에서는 수익성의 저하가 계속되므로 내부유보나 사용하지 않는 자산의 고갈이 일어나고 경제적 부실보다 심한 지급능력의 저하를 맞게 된다.

② 실질적 지급불능 상태

실질적 지급불능 상태란 기업의 총부채 가치가 총자산 가치를 초과하여 실질적인 순자산 가치가 마이너스가 된 상태를 의미한다. 이 상태에서는 기업이 만기가 도래한 채무를 가지고 있지 않을 수도 있다. 그러나 순자산 가치가 마이너스란 말은 결국 만성적인 결손 누적을 의미하므로 이 상태에서는 회복이 어렵다. 경우에 따라서는 파산으로 분류되기도 한다.

3) 파산(기업도산)

파산(bankruptcy)이란 법원에 의해 공식적으로 파산 선고가 내려진 것을 의미한다. 기업의 총자산 가치가 총부채 가치에 미치지 못하여 실질적 지급 불능의 상태에 들어갔을 때 채권자들이 법원에 회사정리 절차를 신청하고 법원이 이에 따라 청산이나 사업 재편, 또는 파산 선고 등의 결정을 내린다.

1.4 금융기관이 보는 기업부실

① 회사정리 또는 화의절차가 진행 중인 기업
② 청산절차가 진행 중인 기업
③ 불량거래처로 규제 중인 기업
④ 워크아웃 대상으로 선정된 기업
⑤ 재무상태 악화로 채권회수 및 특별관리가 필요한 기업

2. 기업부실의 원인

2.1 기업부실의 접근

기업부실의 가능성을 예측하는 접근방법으로 여러 가지의 접근법이 활용된다. 이러한 접근법은 어떤 시각에서 기업브실을 보았는가 하는 관점의 차이로부터 출발하였다고 볼 수도 있는데, 이러한 접근법의 대표적인 방법으로는 현금흐름분석, 경영전략분석, 재무제표분석, 시장정보 분석 등 4가지를 들 수 있다.

1) 현금흐름분석(cash flow analysis)

기업부실의 원인은 결국 현금이 부족하여 채무불이행으로 나타나므로 현금흐름분석을 통하여 그 가능성을 판단할 수 있다.

2) 경영전략분석(corporate strategy analysis)

기업부실의 원인은 경쟁업체와의 경쟁력, 경영자의 질, 상대적인 효율성의 저하 등 경영전략적인 측면이 크므로 이러한 접근법을 통하여 부실 가능성을 예측할 수 있다.

3) 재무제표분석(financial statement analysis)

상호 비교 가능한 비율분석을 통하여 비교대상이 되는 기업과 해당 기업을 서로 비교해 봄으로써 부실기업과 정상기업을 식별할 수 있다.

4) 시장정보분석(market information analysis)

효율적 시장(EMH)의 가설하에서 기업에 관한 모든 정보는 그 기업의 주가나 채권가격에 신속하게 반영되었다는 가정하에 주가 수익률이나 채권 등의 자료를 이용하여 부실가능성을 예측할 수 있다.

2.2 기업부실의 원인

1) 미국

① 상황: 매년 10만 개 정도의 기업이 부실화되고, 그 중 1%는 상장기업
② 표면적 원인: 판매경험의 부족, 과다한 영업비, 경쟁력의 약화

③ 근원적 원인: 경영자의 무능력, 경영관리 분야의 고른 경험 부족
* Dun & Bradstreet 조사

2) 영국

〈표 9-1〉 영국기업의 부실 원인

원인	회사 수	원인	회사 수
경기불황·판매부진	73	부적절한 제품, 시장전략	42
CEO 무능력	67	비효율적 생산관리	31
재무통제의 미비	67	과다한 고정비	27
부적절한 인수합병	54	재무정책의 실패	23

* Slatter 조사

3) 일본

① 원인: 판매부진, 경영미숙, 경영정책부재, 방만한 경영, 그리고
관계회사의 연쇄도산과 장기적인 영업부진에 기인한 적자의 누
적 및 운전자금 부족
* 동경상공리서치 조사

4) 한국

① 원인: 우리나라 중소기업의 도산 원인

〈표 9-2〉 우리나라 기업의 부실 원인

원인	비율	원인	비율
거래선의 도산, 경영 부진	47	기술력의 미약	29
판매대금의 회수 부진	38	마케팅의 부족	28
경영자의 자질, 경험 부족	37	대체품 출현	23
과다한 사채차입	30	대기업과의 경쟁	22

2.3 기업부실의 인과관계

1) 1차적 원인

① 경영자요인(능력 · 지식 · 경험부족) ⇨ 수익성 저하
② 기업외적요인(불황, 원자재가격 급등, 시중자금사정 악화) ⇨ 수익성 저하

2) 2차적 원인

① 판매요인(능력 · 지식 · 경험부족) ⇨ 수익성 저하
② 생산요인(불황, 원자재가격 급등, 시중자금사정 악화) ⇨ 불량품 증가, 과다재고
③ 재무요인(자본 부족, 설비 과다) ⇨ 자금 부족, 자본 잠식
④ 노무요인(노사관계 불안정) ⇨ 생산성 저하, 경영조직의 불안

2.4 도산기업의 공통원인(argenti, 1976)

1) 경영의 구조적 오류

① 1인에 의한 독단적 경영(one man rule)
② 이사회의 경영 불참여(감시 장치의 부재)
③ 재무관리 기능의 약화
④ 얕은 경영층

2) 경영정보시스템의 부실

① 경영정보시스템의 부실
② 경영정보시스템 부실에 따른 예산통제, 현금흐름에 대한 예측
이 미비
③ 정보의 수집 및 활용의 미비에 따른 부실화

3) 변화에 대처하는 능력의 부족

① 정치적 변화(예: 정부의 규제 및 특혜 등)
② 경제적 변화(예: 평가절하, 이자율 상승, 환율의 변화)
③ 사회적 변화(예: 소비자보호운동, 고객 needs의 변화, Unisex화)
④ 기술적 변화(예: 첨단산업이나 진부화가 빠른 산업의 경우)

4) 과대확장

① 기업의 능력을 벗어나는 무리한 확장
예) 온고지신 - 왕조
예) 율산, 제세실업

5) 단일대형사업의 추진

① 경영불량을 만회하기 위한 단일대형사업의 추진
예) 크라이슬러의 연료절감의 소형엔진 개발
예) 개인: 로또, 강원랜드에서 인생의 승부를…

6) 과도한 부채 의존

① 과대확장이나 대규모 사업을 위한 과도한 부채 의존
② 부채의 성격상 손익의 확대효과 ⇨ 부실의 가속화 ⇨ 신용의 하
   락 ⇨ 자본비용, 부채비용의 증가

7) 자의적 회계처리(creative accounting)

① 회계의 마사지
② 분식회계

2.5 아르겐티의 "A score 모형"

▷ 종합판정

25점 이상 ⇨ 부실가능성

18-25점 ⇨ 판정유보

3. 우리나라의 부실기업

3.1 우리나라 부실기업의 유형과 교훈[22]

1) 부실기업의 유형

① 무리한 투자와 설비확장

② 문어발식 기업 확장(예: 진로, 뉴코아, 청구)

③ 차입금에 의존한 경영(예: 과도한 사채 및 은행차입)

④ 기업의 폐쇄성: 견제장치 부재(예: 한보, 진로)

⑤ 부정확한 회계처리

2) 퇴출기업이 주는 8가지의 교훈

① 차입경영위주의 경영으로 높은 부채비율

② 수익성보다 외형중시 경영

---

22) 『매일경제신문』

③ 무리한 사업의 다각화(예: 뉴코아, 거평)

④ 핵심경쟁력이 없는 기업

⑤ 노조이기주의가 심한 기업

⑥ 대마불사 관행의 종지부로 대기업 계열사도 해당

⑦ 금융기관도 책임: 담보위주의 대출 관행

⑧ 스스로 해결하지 못하면 정부가 구조조정을 촉진

3) 부실징후 판정기준

▷ 금융기관의 대출결정의 참고자료

  (우리나라 외환위기 당시에도 적용되었음)

① 재무적 수익성(최근 3년간 연속적자, 자본완전잠식, 최근 3년간
  ⊖영업이익, 금융기관의 차입금이 연간 매출액 초과)

② 신용상태(은행신용리스크 40점 이하, 3개월 이상 연체, 6개월 내
  1차부도, 6개월 내 1개월 이상 연체)

③ 경영안정성(3개월 이상 조업중단, 경영내분, 감사의견이 '부정
  적', '의견거절', 기타)

3.2 부실기업의 처리방법

1) 법적절차에 의한 처리

① 회사정리절차(법정관리)

회사정리법에 따라 채권자, 주주, 기타의 이해관계인의 이해를 조정

ⓐ 장점: 사회경제에 미치는 악영향을 최소화

ⓑ 단점: 회생을 위한 노력 대신 대주주의 재산은닉, 주식거래를
통한 부당이득의 가능성

② 화의(和議)

파산 위기에 처한 채무자에게 법원, 정리위원, 화의관재인의 보조
및 감독하에 채권에 대한 변제방법을 채권자와 채무자가 체결하고
파산선고를 면하게 하는 제도

▷ 화의제도는 다시 '통합도산법(채무자 회생 및 파산에 관한 법
률)' 시행으로 이에 통합

③ 파산(破産)

파산은 부실기업 중에서 회상정리절차나 화의 등 법적 절차나 3자
인수 등을 통한 회생이 되지 않을 경우 최종적으로 회사를 청산하는
것을 말한다.

2) 금융기관에 의한 처리

① 기업구조조정(워크아웃, workout)

1997년 우리나라 외환위기 당시 한시적(1998년 6월 25일~1999년
12월)으로 운영된 제도로서, 금융기관 간의 협의를 통해 선정된 기업
에 대하여 채권금융기관은 대출채권의 출자전환(debt to equity swap),
단기대출의 중장기 전환, 이자감면, 신규자금지원 등 재무구조를 건

실화하기 위한 조치였다.

② 은행관리

부실기업의 경영정상화를 위해 채권은행이 직접 해당기업을 관리하는 것을 은행관리라고 한다. 은행관리는 해당기업과 채권은행 간 관리계약을 체결하고 그 계약에 따라 관리가 이루어지는 임의관리와 은행파견 직원이 통제하는 직원상주파견이 있다.

■ 심화학습 ■

거래소 내년부터 부실기업 상장폐지 투자자에 사전 경고[23]

'제2 네오세미테크' 사태를 방지하기 위한 금융당국 발걸음이 빨라지고 있다.

한국거래소가 '투자주의 환기 종목 지정제도'를 추진하고 있고 금융감독원은 합병 비율 산정 현실화를 통해 우회상장을 노리는 비상장 기업 가치가 터무니없이 부풀려지는 관행을 차단하겠다는 방침이다. 이와 별도로 금감원은 지난달 22일부터 시작된 네오세미테크 관련 한국거래소 검사를 지난 10일 마치고 제도개선, 징계 등 후속 절차에 들어갔다.

27일 한국거래소에 따르면 부실 징후를 보이는 코스닥 기업이 포

---

23) 『매일경제신문』, 2010. 12. 27.

착되면 상장폐지 실질심사 대상이 되기 전이라도 투자자에게 사전 경고해 주는 '투자주의 환기 종목 지정제도'를 도입하기로 했다. 공청회를 거쳐 내년에 도입하는 방안이 추진되고 있다.

거래소 관계자는 "투자주의 환기 지정제도는 관리종목 투자유의 투자경고 투자위험 종목 등 현지 일정 기준에 따라 지정하는 경고제도와 달리 좀 더 정성적인 부분에 중점을 두고 운영될 것으로 본다."라고 말했다. 금감원은 최근 상장법인과 합병한 뒤 우회상장을 추진하는 비상장법인에 대한 가치를 산정할 때 할인율을 현실화(할인율 상향 조정)하는 방안을 마련한 상태다. 할인율 현실화를 통해 비상장법인 가치가 부풀려지는 행태를 막겠다는 의도다.

한편 금감원은 네오세미테크 처리 과정과 관련한 한국거래소 검사를 마치고 징계·제도개선 절차 검토작업에 들어갔다. 금감원 관계자는 "네오세미테크 퇴출 과정에서 거래소가 투자자 보호를 위한 시의적절한 시장 조치를 취했는지 집중 점검했다."라며 "최종적으로 문제가 있는 것으로 결론이 나면 관련자 문책과 제도개선 절차에 들어갈 것"이라고 말했다.

그러나 이제 검사를 마치고 결과 분석에 돌입한 만큼 구체적인 결론은 나오지 않았다. 금감원 관계자는 "사안에 따라 문책 등 조치가 이뤄질 수 있지만 여러 방안 중 하나에 불과하다."라며 "결론이 나오기까지 3~4개월이 소요될 예정"이라고 말했다. 이르면 내년 2~3월께 제재심의위원회와 금융위원회를 열어 최종 결정이 내려질 것으로 보인다.

[퀴즈문제]

* 아래의 내용이 맞으면 T, 틀리면 F를 빈칸에 넣어 주세요.

1. 파산(破産)이란 부실기업 중에서 회사정리절차나 화의 등 법적
   절차나 3자 인수 등을 통한 회생이 되지 않을 경우 최종적으로
   회사를 청산하는 것을 말한다. (   )

2. 화의(和議)란 파산위기에 처한 채무자에게 법원, 정리위원, 화의
   관재인의 보조 및 감독하에 채권에 대한 변제방법을 채권자와
   채무자가 체결하고 파산선고를 면하게 하는 제도이다. (   )

3. 지급불능(solvency) 상태는 해당시점에서 현금의 유동성이 부족하
   여 만기가 된 채무를 상환하지 못하거나 어음이 부도처리 되는
   사건이 발행하는 경우를 의미한다. (   )

[정답] 1. (T) 2. (T) 3. (T)

[요점정리]

1. 기업부실의 의의에 대해 알아보았다.

2. 기업부실의 원인에 대해 알아보았다.

3. 우리나라의 부실기업에 대해 논의하였다.

[용어정리]

① 파산(破産)

파산은 부실기업 중에서 회사정리절차나 화의 등 법적 절차나 3자 인수 등을 통한 회생이 되지 않을 경우 최종적으로 회사를 청산하는 것을 말한다.

② 지급불능

지급불능(solvency) 상태는 해당 시점에서 현금의 유동성이 부족하여 만기가 된 채무를 상환하지 못하거나 어음이 부도처리 되는 사건이 발행하는 경우를 의미한다.

[참고문헌]

강영수, 『재무분석 기초 끝내기』, 2010, 한솜미디어
김성민, 『재무분석』, 2007, 새로운 제안
김철중, 『재무분석』, 2010, 한국금융연수원
이건희, 『재무분석』, 1999, 학문사
이의경, 『재무분석』, 2008, 신론사
임태순, 『경영학원론』, 2010, 한국학술정보(주)
임태순, 『금융시장』, 2010, 한국학술정보(주)
임태순, 『재무관리』, 2011, 한국학술정보(주)
장영광, 『경영분석』, 2010, 무역경영사

학습목표

1. 기업 인수·합병의 의의에 대해 살펴본다.
2. 기업 인수·합병의 효과에 대해 살펴보는 데 학습목표를 둔다.
3. 기업 인수·합병에 대한 공격전략과 방어전략을 살펴보는 데 학습목표를 둔다.

제10장 기업의 인수·합병(M&A)

1. 기업 인수·합병의 의의

1.1 기업 인수·합병의 의의

① 과거: 기업결합이라는 산업조직적 관점에서 접근

② 최근: 기업의 외적 성장전략의 일환, 그리고 기업지배 및 기업 구조조정(restructuring)의 수단으로 이해

③ 개념: 기업 인수·합병(M&A: merger and acquisition)은 기업지배 권 획득을 목적으로 둘 이상의 기업이 하나로 통합되어 단일기 업이 되는 합병(merger)과 한 기업이 다른 기업의 주식 또는 자 산을 취득하여 경영권을 획득하는 매수(acquisition)가 결합된 개 념이다.

따라서 기업합병, 자산취득, 주가취득의 행위를 총칭한다.

1.2 기업인수 · 합병의 형태

1) 기업합병

기업합병은 복수의 회사가 합하여 법률적으로 하나의 기업이 되는 가장 강력한 기업결합의 수단으로, 기업합병에는 흡수합병과 신설합병이 있다.

① 흡수합병(merger): 합병기업 중 한 기업이 존속기업으로 남아 소멸되는 다른 기업의 모든 자산, 영업, 채무의 소유자가 되는 것
예) A+B=A, 혹은 A+B=B
② 신설합병(consolidation): 결합하려고 하는 기업이 모두 해산되고 제3의 새로운 기업을 설립하는 경우
예) A+B=C

2) 주식취득

주식취득(acquisition of stock)은 취득기업이 피취득기업 주식의 전부 또는 일부를 그 주주로부터 취득하는 것으로 공개매수(tender offer)도 포함한다.

3) 자산취득

자산취득(acquisition of asset) 혹은 영업양도는 두 기업 간에 체결된

계약에 따라 한 기업이 상대기업 영업의 전부가 아닌 주요 일부분만을 인수하는 것을 말한다.

* 제품판매시장에서 상관성에 따라
① 수직적 M&A: 생산과 유통이 수직적인 기업끼리
② 수평적 M&A: 동종, 인접 제품을 생산하는 기업끼리
③ 다각적 M&A: 수직, 수평을 벗어난 이종시장에 있는 기업끼리

* 관련기업 간의 교섭관계로 볼 때
① 우호적 M&A
② 적대적 M&A

1.3 기업인수 · 합병의 동기

1) 효용성 동기론

① 합병을 통한 무능한 경영진의 교체
② 경영합리화 제고
③ 영업활동 및 재무적 시너지 효과
④ 위험분산 등으로 효율성 증대

2) 경영자주의 동기론

합병이 주주가 아닌 경영자 자신을 위하여 기업규모를 극대화하고자 하는 동기에 있다고 보는 시각을 말한다.

3) 시장지배 동기론

시장에서 경쟁을 제한하거나 독점적 이윤을 확보하고자 하는 동기에서 출발한다는 시각이다.

1.4 인수대상기업

① 주인이 없거나, 대주주 지분율이 낮은 기업
② 현금흐름, 재무상태, 수익성에 비해 주가가 낮은 기업
③ 회사 내의 경영권 다툼이 있는 기업
④ 주식취득이 용이한 기업

2. M&A의 효과

M&A가 이루어지면 소위 1+1=3, 혹은 4와 같은 시너지 효과(synergy effect)가 나타날 수 있다. 만약 시너지 효과가 나타난다면 기업가치평가 모형에서 보면,

① 미래현금흐름의 증가($\triangle CF$)
② 할인율(k)의 감소로 나타날 수 있다.

$$V= \sum_{t=1}^{n} \frac{\triangle CF_t}{(1+k)^t}$$

여기서, V: M&A의 가치

즉, 증분의 현금흐름은 M&A로 인한 영업수익의 증가, 영업비용의 증가분, 세금 증가분, 투자소요액 증가분에 의한 영향을 받는다.

$$\triangle CF = \triangle 영업수익 - \triangle 영업비용 - \triangle 세금 - \triangle 투자액$$

2.1 매출수익의 증대효과

1) 마케팅 이득(marketing gains)

M&A를 통한 광고매체, 브랜드, 유통망, 제품믹스 등의 효율적 이용과 기업부실의 원인은 결국 현금이 부족하여 채무불이행으로 나타나므로 현금흐름분석을 통하여 그 가능성을 판단할 수 있다.

2) 전략적 이득(strategic benefits)

기업부실의 원인은 경쟁업체와의 경쟁력, 경영자의 질, 상대적인 효율성의 저하 등 경영전략적인 측면이 크므로 이러한 접근법을 통하여 부실 가능성을 예측할 수 있다.

3) 시장지배력(market power) 증대

시장점유율의 확대를 통하여 시장에서 지배적인 지위를 차지할 수 있다.

2.2 비용 · 원가 절감

1) **규모의 경제**(economies of scale): 규모의 경제를 통한 원가절감

2) **수직적 통합의 경제**(economies of vertical integration): 생산 거점의 확보와 안정적 원자재 확보

3) **자원의 보완적 이용**(complementary resources): 서로 보완적 관계에 있는 기업의 결합을 통한 시너지 효과

2.3 세금혜택

1) 영업손실의 이용

상당의 영업이익의 기업과 영업손실의 기업이 결합하면 세금혜택이 될 수 있다.

2) 부채차입능력(unused debt capacity)

부채차입이 증가하면 지급이자에 대한 세금감면효과가 커지므로 기업가치는 증가한다.

3) 잉여자금(surplus funds) 활용

잉여자금을 배당하여 주주들의 추가적인 세금납부를 방지하고 기업인수에 활용함으로써 세금을 내지 않아도 된다.

2.4 투자소요액 절감

M&A가 이루어지면 자원의 공동이용으로 투자소요액이 절감될 수 있다.

2.5 위험과 자본비용 감소

1) 재무적 규모의 경제(financial economies of scale)

M&A를 통하여 규모가 커지면 자본조달 시 발행규모가 크기에 발행비용이 저렴해 지는 재무시너지가 발생한다.

2) 수익안정화 효과(income stabilization effect)

영업위험의 분산과 계절적 수익의 불안정성을 줄일 수 있다.

3) 부채차입능력의 증대

기업규모의 증가로 대외공신력 증대와 부채차입능력의 증대된다.

4) 위험공동부담효과

위험공동부담으로 파산가능성의 감소와 이에 따른 자본비용의 감소가 생긴다.

3. M&A에 대한 공격전략과 방어전략

3.1 공격전략

1) **시장매집(market purchase)**: 은밀하게 진행

2) **공개매집(take over bid 전략)**: 불특정 다수에게 매수청약 유도

3) **위임장 대결(proxy fight)**: 위임받은 위임장을 주주총회에서 의결

4) **외각 때리기**: 협력

3.2 방어전략

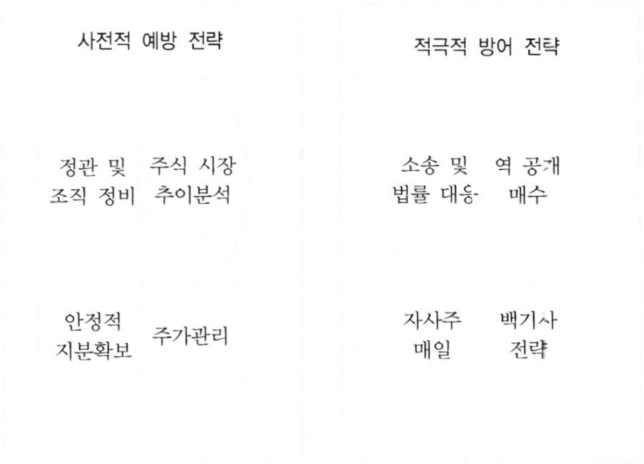

사전적 예방 전략		적극적 방어 전략	
정관 및 조직 정비	주식 시장 추이분석	소송 및 법률 대응	역 공개 매수
안정적 지분확보	주가관리	자사주 매일	백기사 전략

〈그림 10-1〉 예방전략과 방어전략[24]

1) 사전적 방어전략(예방적 방어)

① 정관 및 조직 정비

② 주식시장 추이분석(주식 감시)

③ 주가관리(투자 홍보)

④ 안정적 지분 확보

⑤ 경영성과 개선(주가 관리)

---

24) 장영광, 『재무분석』, 1999, 무역경영사, p.347.

2) 전략적 방어

① 소송 및 법률적 대응
② 자사주 매입
③ 여론에 호소
④ 백기사(white knight): 우호적 매수자(백기사)를 물색하여 기업의 전부를 넘김
⑤ 황금낙하산(golden parachute): 임원 해임 시 거액 퇴직금 지급으로 인수비용을 높임
⑥ 왕관보석(crown jewel): 수익성 있는 부분을 빼내어 유혹을 스스로 저버리게 하는 것
⑦ 독약(poison pill): 주주에게 특별한 권리를 사전에 부여하여 M&A 시에는 그 권리를 행사하게 하는 방법
⑧ 팩맨(pac man defense, 역매수): 인수대상기업이 인수기업의 매수를 시도하는 것
⑨ 자기공개매수

3) M&A에 대한 평가

① 순기능
한계기업의 퇴출, 비효율적인 경영진의 퇴출
② 역기능
선의의 투자자 피해, 인적 및 물적 낭비 초래

이철우 롯데쇼핑대표 외국어대 강연[25]

"기업은 성장 과정에서 반드시 위기를 맞게 됩니다. 위기가 어려움으로만 끝난다면 기업이 성장하는 데 걸림돌이 되겠지만, 제대로 극복한다면 새로운 성장 기회가 될 수 있습니다."

이철우 롯데쇼핑 대표는 최근 외국어대 브릭스관에서 열린 매경 CEO 특강에서 "롯데쇼핑은 지난 30년 동안 세 차례 위기가 있었지만 오히려 기회로 활용했다."라며 구체적 사례를 들어 설명했다.

이 대표가 말한 세 차례 위기는 △IMF 외환위기 △국내 유통시장 개방으로 외자 유통기업 진출 △포화 상태에 이른 국내 유통시장 등이다.

롯데백화점은 실제 IMF 외환위기 당시 더 공격적인 M&A를 감행했다. 이 대표는 "당시 부도로 문을 닫는 백화점이 늘고 있었고 자의든 타의든 백화점 업계에 구조조정이 필요한 순간이었다."라며 "탄탄한 경영을 해오며 건전한 재무구조를 가지고 있던 롯데백화점이 M&A를 통해 기업 규모를 확장한 것은 성장을 위한 당연한 전략"이라고 강조했다.

이어 그는 적극적인 M&A를 통한 다점포 전략 덕분에 롯데쇼핑 손

---

25) 『매일경제신문』, 2011. 2. 7.

익구조가 개선될 수 있었다고 말했다. 롯데백화점은 1999년 분당점을 시작으로 최근 GS스퀘어 3개점을 인수하기까지 11년간 총 13개 점포와 M&A를 진행하면서 규모를 늘려왔다.

이 대표는 또 월마트나 카르푸가 한국 시장에 진출하면서 국내 유통업체에 위기론이 확산될 때 '다각화' 전략으로 대응했다. 백화점에서 창출한 이익을 할인점, 슈퍼마켓, 편의점 등에 투자하면서 성장을 위한 다양한 포트폴리오를 구성한 것이다.

그는 "다각화 전략으로 단일사업에 대한 위험 부담을 줄이고 업체 간 시너지 효과를 최대화할 수 있었다."라며 "현재 유통, 외식, 의류, 엔터테인먼트 등 다양한 분야에서 롯데쇼핑을 이용하는 멤버십 고객 2,000만 명이야말로 시너지를 창출하는 원천"이라고 말했다.

이 대표는 이미 레드오션으로 변하고 있는 국내 시장 대신 외국 시장으로 진출하는 '글로벌' 전략을 취함으로써 새로운 돌파구를 마련했다. 성장 가능성이 큰 베트남, 러시아, 인도네시아, 중국 등을 중심으로 시장을 확대해 신성장 동력으로 삼았다.

그는 "기업들은 이제 'GOOD COMPANY'에만 안주하지 말고, 주어진 위기를 극복하고 글로벌 시장에서 지속 가능한 성장을 통해 'GREAT COMPANY'가 되도록 노력해야 한다."라고 역설했다.

이 대표는 또 "과거 데이터를 분석해 현재와 미래를 계획하고 움직이던 시나리오 경영 시대는 끝났다."라며 "경영자는 어떤 상황이 오더라도 발 빠르게 대처할 수 있도록 꾸준히 자기 역량을 강화해 나가야 한다."라고 강조했다.

[퀴즈문제]

* 아래의 내용이 맞으면 T, 틀리면 F를 빈칸에 넣어 주세요.

1. 왕관보석(crown jewel)이란 기업의 인수합병 방어전략으로 수익성 있는 부분을 빼내어 유혹을 스스로 저버리게 하는 것을 말한다. (   )

2. 기업합병은 복수의 회사가 합하여 법률적으로 하나의 기업이 되는 가장 강력한 기업결합의 수단으로, 기업합병에는 흡수합병과 신설합병이 있다. (   )

3. 자산취득(acquisition of asset) 혹은 영업양도는 두 기업 간에 체결된 계약에 따라 한 기업이 상대기업 영업의 전부가 아닌 주요 일부분만을 인수하는 것을 말한다. (   )

[정답] 1. (T) 2. (T) 3. (T)

[요점정리]

1. 기업 인수·합병의 의의에 대해 알아보았다.

2. M&A의 효과에 대해 알아보았다.

3. M&A에 대한 공격전략과 방어전략에 대해 논의하였다.

[용어정리]

① 왕관보석

왕관보석(crown jewel)이란 기업의 인수합병에 대한 방어전략으로 수익성이 있는 부분을 빼내어 유혹을 스스로 저버리게 하는 것을 말한다.

② 기업합병

기업합병은 복수의 회사가 합하여 법률적으로 하나의 기업이 되는 가장 강력한 기업결합의 수단으로, 기업합병에는 흡수합병과 신설합병이 있다.

[참고문헌]

강영수, 『재무분석 기초 끝내기』, 2010, 한솜미디어
김성민, 『재무분석』, 2007, 새로운 제안
김철중, 『재무분석』, 2010, 한국금융연수원
이건희, 『재무분석』, 1999, 학문사
이의경, 『재무분석』, 2008, 신론사
임태순, 『경영학원론』, 2010, 한국학술정보(주)
임태순, 『금융시장』, 2010, 한국학술정보(주)
임태순, 『재무관리』, 2011, 한국학술정보(주)
장영광, 『경영분석』, 2010, 무역경영사

Part 5

기업신용조사와 주식평가

■ 제11장 기업신용조사
■ 제12장 효율적 시장
■ 제13장 주식가치평가

학습목표

1. 학습한 후에 기업신용분석의 의의는 무엇이고, 기업신용조사의 내용에는 어떤 것이 있는지 설명할 수 있다.
2. 업계신용분석에 대해 설명할 수 있다.
3. 금융기관의 신용조사를 설명할 수 있다.

제11장 기업신용조사

1. 기업신용조사 분석의 의의

1.1 기업신용조사 분석의 의의

1) 의의

기업신용분석은 자사의 제반목적을 달성하기 위하여 관계 비율뿐만 아니라, 경영의 실제의 운영실태, 업계동향이나 경제적 동향까지도 포함하는 종합적인 분석체계이다.

2) 분석기관

① 분석기관: 은행 및 증권회사와 투자기관
② 은행: 은행에서 실시하는 신용분석은 은행의 이익을 보호하고 자구책을 강구하기 위하여 원칙적으로 여신기업의 상환 능력을

판단하기 위한 조사·분석

③ 증권회사 및 투자기관: 투자자의 투자이익을 보호하기 위하여 투자대상 기업의 투자가치 또는 투자정보를 조사·분석

1.2 기업신용조사 분석의 영역

1) 의의

기업신용조사 분석은 기업의 신용내용을 조사분석하는 것이고 좀 더 구체적인 방법론으로는, 기업의 성장성, 생산성, 수익성 및 재무상태의 현황을 판단하여 포괄적이고 종합적인 판단을 내리는 일련의 과정을 의미한다.

2) 영역과 방법

기업신용조사 분석은 아래와 같이 3가지의 분석이 있으나, 세 분석은 상호 깊은 관련이 있으므로 이들 분석의 종합적인 해석이 요망된다.

① 경영체제분석
경영실체의 파악으로, 기업의 경영관리, 생산, 마케팅, 재무의 관리 활동은 물론이고, 경영자의 성격, 비전의 설정, 리더십, 종업원의 사기 등에 관한 종합적인 분석과정이다.

② 업계신용조사 분석

기업의 외부환경의 변화가 경영활동에 어떻게 영향을 미치고 계수에 반영되는지를 검토하는 과정으로, 업계전반의 설비투자가 과잉되면 과당경쟁이 되고 결국 유관업계 기업의 재무상태가 악화되는 것과 같은 연관성과 변화를 분석한다.

③ 재무제표조사 분석

재무제표의 한계점에도 불구하고 대차대조표와 손익계산서를 활용한 각종 분석을 통하여 의사결정에 필요한 조사분석을 하는 것을 말한다.

1.3 기업신용조사의 내용

1) 경영체제의 조사·분석

① 제품의 특성 분석
- 상품의 형태(생산재-소비재, 내구재-비내구재)
- 수요의 형태(내수-수출, 산업용-민간용)
- 생산의 형태(수주생산-시장생산, 소품종다량생산-다품종소량생산)

② 생산 활동의 분석
- 생산방법(확정주문생산-시장생산)
- 생산계획(시장경쟁, 상황변화에 적절하게)
- 생산의 검토(생산의 순서 확정→공정관리→자재관리→외주업체관리)

③ 판매체계의 분석
- 판매방법(대리점판매, 직접판매, 수출판매)
- 판매조건(외상매출기간, 반품, 가격할인, 리베이트)
- 판매촉진대책(판매원교육, 상품의 개량책의 여부, A/S)

④ 경영관리체제의 분석
- 경영자(인물, 경영, 기술, 업적, 능력)
- 중간관리자(팀워크, 중간관리자의 소화능력)
- 종업원(종업원 수의 적당여부, 종업원의 사기, 승진제도, 교육훈련)

2. 업계신용분석

2.1 업계신용조사 분석의 의의

업계신용조사 분석은 기업의 외부환경의 변화와 기업의 경영활동 관계를 분석하는 과정이다. 즉, 기업을 둘러싸고 있는 기업의 외부환경의 변화가 경영활동에 어떻게 영향을 미치고 계수에 반영되는지를 검토하여 봄으로써, 이를 관계의 분석을 통하여 기업에 미칠 수 있는 영향을 분석해 보는 데 의의가 있다.

2.2 업계신용분석의 필요성

업계동향의 변화에 따라 기업의 경영이 수익성이나 재무내용 측면에서 영향을 받을 수 있기 때문에 업계동향의 분석은 기업이 속하는 업계 전체의 설비상황, 기업분포상황, 또는 수급동향상황 등을 면밀하게 조사하고 정확하게 판단할 필요성이 대두된다.

    예) 시세의 움직임이 심한 업종(철강, 섬유, 설탕 등…): 경기의 호황과 불황여부가 경영노력으로 인한 경영효과보다 절대적인 영향을 미쳐 경영노력이 왜곡되는 경우가 발생함
    ① 위의 업종의 경우, 방만한 경영을 하여도 시장상황으로 이익으로 연결되는 경우도 있을 수 있음
    ② 반대로 경영합리화로 몇%의 비용을 인하하여도, 시장상황의 반락이 이보다 더 크면 경영노력이 왜곡될 수 있음

2.3 업계 전체의 설비

업계전체의 설비에 대한 분석이 요망된다. 즉, 과거의 성장경쟁시대와 달리 현재와 같은 설비과잉은 과당경쟁을 유발하게 되고 수익성의 저하, 체임의 발생, 외상매출금의 누증과 같은 상황을 유발하게 될 수 있다. 따라서 업계의 지위, 우월성, 경쟁력, 제품의 질 등에 대한 분석이 요망된다.

2.4 업계 내의 기업분포

    ① 중소기업의 시장점유율이 높은 업계
    ② 중소기업이 공존하고 있는 업계
    ③ 대기업의 시장점유율이 높은 업계

1) 중소기업의 시장점유율이 높은 업계

예) 봉제품, 제재, 주물, 합성수지

① 다품종 소량생산
② 노동집약적인 생산
③ 동업자 난립, 수익성이 낮음
④ 관련 산업의 하청가공적인 성격이 강함.

▷ 분석해야 할 요점: 채산성여부, 인건비의 증대여부, 생산계획의
   순서 등

2) 대기업과 중소기업이 공존하는 업계

예) 음료품, 의약품, 기계, 잡지

▷ 분석해야 할 요점
① 예상되는 대기업의 시장점유율 증대
② 설비의 합리화와 기계화
③ 기술개발 및 신제품개발
④ 업계재편성의 움직임

3) 대기업의 시장점유율이 높은 업계

예) 자동차, 가전제품, 철강 등…

▷ 분석해야 할 요점
① 국내 및 국외의 시장점유율의 예상
② 설비의 합리화와 기계화의 진행은?
③ 기술개발 및 신제품개발의 진행은?
④ 외국의 대기업과의 기술 및 업종 제휴는?
⑤ 수출가격과 국내가격의 비교 및 외국제품의 판매가격 분석
⑥ 외국제품의 품질비교

4) 대기업의 독점상태에 있는 업계

예) 맥주, 판유리

▷ 분석해야 할 요점
① 국내 및 국외의 시장점유율의 예상
② 설비의 합리화와 기계화의 진행은?
③ 기술개발 및 신제품개발의 진행은?
④ 외국의 대기업과의 기술 및 업종 제휴는?
⑤ 수출가격과 국내가격의 비교 및 외국제품의 판매가격 분석
⑥ 외국제품의 품질 비교

2.5 수급동향상황

1) 소비수요의 변화

예) 목제제품 ⇨ 철제제품
    천연섬유 ⇨ 합성섬유

▷ 분석해야 할 요점
① 기술혁신의 속도가 빠른 경우는 신제품개발상황을 체크
② 제품의 개선 및 개발에 대한 의욕
③ 조사대상 기업의 기술 수준

2) 제품의 보급률과 라이프사이클

취급제품의 내구제품과 비내구제품으로 나누어 수요예측을 행하는 일이 필요하고 업계에서의 시장점유율의 조사가 요망된다.

▷ 분석해야 할 요점
① 시장점유율
② 매출액 신장률
③ 내구제품의 경우 신규판매선의 확보에 대한 노력

3) 수출동향

a. 수출부분이 매우 높은 업계(자동차, 섬유, 선박)
▷ 분석해야 할 요점
① 해외시장의 동향에 대해 예의 주시
② 매출액 신장률
③ 내구제품의 경우 신규판매선의 확보에 대한 노력

b. 수출부분이 높은 업계(화학비료, 타이어, 완구)
▷ 분석해야 할 요점
① 수출증가와 수익성이 다른 경우는 없는지?
(내수부진의 돌파책, 설비과잉의 해소책 등)

c. 수출부분이 낮은 업계(술, 시멘트, 가구)
▷ 분석해야 할 요점
① 시장에서의 위치
② 시장점유율

2.6 시장상황산업의 재무상태

1) **수익성분석:** 매출액 분석, 매출원가 분석

2) **재무구성:** 재고에 대한 검토, 외상매출금, 설비상황, 지급어음

3. 금융기관의 신용조사

3.1 금융기관의 신용조사

1) 의의 및 발전

금융기관은 거래기업에 대한 계속적인 정보수집을 통하여 업체별 신용조사파일(credit file)을 정리하고 보존함으로써 대출심사 또는 신용분석을 위한 기초자료를 확립하고 특정기업에 대한 여신의 적부 및 대출심사기법의 발전에 기여하여 왔다.

2) 종류

① 은행
  ⓐ 기업체종합평가표
  ⓑ 기업신용평가표: (은행별로)대출우대금리적용심사
  ⓒ 중소기업 간이평가표: 중소기업의 신용대출 심사
  ⓓ 신용보증 심사기준표: 신용보증을 심사
  ⓔ 신용상태 평가기준표: 종금사의 신용한도 심사

② 증권
  ⓐ 증권평가표(주식종합평가표)

3.2 은행의 기업신용조사

1) 여신결정과정

step ① 고객관계에서의 지위 평가

step ② 새로운 고객관계의 평가

step ③ 신용평가

step ④ 법률적 정책적 규제의 조사

step ⑤ 대출목적, 금액, 만기, 상환조건, 보증 및 담보 등의 평가

step ⑥ 대출승인요청에 대한 의견서 작성

step ⑦ 기록 분석 및 권고

step ⑧ 사후조사

2) 기업자금 대출에 대한 의사결정과정

* 포스터(G. Foster)가 제시한 여신결정과정

① 대출 승인단계

    ⓐ 대출신청

    ⓑ 승인기준(대출신청기업의 중요도, 재무제표정보평가, 전략적
요소, 경영층의 자질, 위험도, 산업 및 경제전망, 기타)

    ⓒ 대출승인(대출액결정, 이자율결정, 담보, 제한조건, 기타)

② 대출금 사후관리단계

  ⓐ 변수(이자 및 원금상환시기, 담보자산의 가치, 제한조건의 이
   행여부)

  ⓑ 대출금분류(우량, 특별주의요, 문제 있음, 회의적, 부실화)

③ 대출금 회수단계

  ⓐ 대출금회수(완전회수, 이자 및 원금의 일부 또는 전부 부실화)

  ⓑ 고객과의 관계(관계계속, 관계중단)

3.3 신용위험의 결정요인

금융기관에서 신용위험을 결정하는 5가지 요인을 5C라고 한다.

1) 인격(Character)

대출자의 채무불이행위험에 대한 부정적인 신호

① 대출자의 이름이 은행의 초과인출 고객명단에 자주 등장
② 대출기업의 경영자, 고문, 경리담당자의 잦은 변경
③ 대출기업의 순자산이 높은데도 자주 작은 규모의 대출의 증가,
  계속적인 자금 부족
④ 대출자의 개인적인 습관이 악화(마약 사용, 심한 도박, 술 중독, 파혼)
⑤ 회사의 목표가 주주, 종업원 및 고객과 불일치

2) 상환능력(Capacity)

3) 자본력(Capital)

4) 담보력(Collateral)

5) 경제여건(Conditions)

3.4 신용평점제도

　은행에서의 대출의 신용도를 평가하기 위하여 가장 널리 사용하고
있는 재무분석 수단은 신용평점제도이다. 신용평점제도의 가장 단순
한 형태는 오래 전부터 사용되어왔던 지수법이 있는데, 지수법은 대
출요청기업의 여러 가지 재무비율에 가중치를 부여하여 산업평균비
율과 대비된 지수를 계산함으로써 대출요청기업의 신용도를 측정하
는 방법이다.

1) 실무적인 결정사항

① 적용될 대출의 종류를 확정하고
② 신용평점제도의 형태
③ 신용평점제도에 포함될 변수
④ 선정된 변수 각각에 부여하는 가중치를 결정하여야 한다.

2) 한국은행의 기업체 종합평가표

① 양적 평가요소: 재무상태(자본구성, 유동성, 수익성, 안전성)
② 질적 평가요소

    ⓐ 사업현황 및 전망(활동성, 성장성, 생산성, 사업전망)

    ⓑ 은행과의 관계(거래신뢰도, 채무상환능력, 기업경영상담)

    ⓒ 경영형태(경영방식, 경영능력, 경영자 인격 및 종업원관계)

    ⓓ 인적사항(중소기업. 경영능력, 경영자 인격 및 종업원관계)

日 개인투자자, 신흥시장 위험자산 투자 확대[26]

"일본에서 가장 매력 있는 신랑감은?"

일본 재무성은 얼마 전 이 같은 광고 카피를 내놓고 국채 판매를 선전해 화제를 모았다. 젊은 일본 여성 5명이 대화를 나누며 가장 매력 있는 신랑감으로 '국채 투자 전문가'를 선택하는 게 광고의 주요 내용이다. 국채 투자는 그만큼 안정적이고 매력적인 재테크 수단이라는 의미다. 아이러니하게도 재무성이 이 같은 광고 카피까지 고안한 이유는 국채 투자에 대한 매력이 갈수록 떨어지고 있기 때문이다.

저금리로 일본 투자자들이 국외 위험자산 투자를 놀리고 있다.

일본의 개인투자자들이 주로 투자하는 국채 5년둘의 연리는 0.4% 정도에 불과하다. 금융회사들이 주로 투자하는 10년 만기 국채의 이자율도 1%를 간신히 넘을 정도다. 제로금리 시대가 2년간 지속되며 마땅한 투자상품이 사라지고 있는 가운데 국채 투자도 더 이상 매력적인 상품이 아니라는 공감대가 형성되기 시작했다. 최근 수년간 '저축에서 투자'로 재테크 관념이 바뀌면서 일본 투자자들이 과거에 비해 뚜렷하게 공격적인 투자 성향을 보여주고 있는 것과도 무관하지 않다는 분석이다.

일본은행에 따르면 지난해 말 시중 금융회사들이 보유 중인 외화표시예금은 총 4조8,300억 엔에 달했다. 이는 전년보다 2.8% 증가한 수치인 동시에 관련 통계가 작성되기 시작한 이후 사상 최대 규모다. 현지 시장 전문가들은 제로금리와 엔화강세가 지속되고 있는 가운데 신흥시장의 통화 등 고위험·고수익 상품에 대한 투자가 크게 늘어났기 때문이라는 분석을 내놓고 있다. 실제로 일본 금융회사 창구에는 최근 들어 호주달러나 브라질의 헤알, 남아공의 랜드 등에 투자하는 상품들이 대거 등장하고 있다.

이런 가운데 최근에는 한국수출입은행도 일본 개인투자자를 대상으로 400억 엔 규모의 채권(4년 만기)을 발행하는 데 성공했다. 이 채권은 일본 이외의 지역에서 발행한 채권을 주간사(다이와증권)가 인수해 일본 내 개인투자자들에게 고정금리(1.05%)를 주고 소액 분할 판매하는 채권이다. 기관투자자를 대상으로 발행되는 사무라이본드보다는 이자율이 다소 낮았지만 한국 투자에 관심이 많은 일본 내 개인투자자들을 끌어들이는 데 성공하면서 발행 물량이 성공적으로 소화됐다.

글로벌 금융위기 이후 관망자세를 유지했던 일명 '와타나베부인'들이 최근 활발하게 투자에 나서는 움직임도 곳곳에서 포착되고 있다. 와타나베부인이란 저금리 엔화로 고금리 국가의 금융상품에 투자하는 외환증거금 거래에 나서는 일본의 부유층 주부들을 가리키는 용어다. 일본의 외환증거금 거래총액은 지난해 2,116조 엔을 기록해 전년보다 4.7% 증가한 것으로 집계됐다. 도쿄금융거래소의 외환증거금 계약건수는 1억 993만 매로 전년에 비해 55%나 증가했다. 일본 금융당국이 외환증거금의 100배 이상에 달하는 투자배율(레버리지)을 이용하는 외환증거금 거래에 대해 "투기 성향을 띠고 있다."고 판단하고 지난해 증거금 액수를 50배로 제한하는 규제조치를 시행했다.

그러나 당국의 규제에도 불구하고 발 빠른 와타나베부인들은 유럽의 재정위기와 미국의 금융정책, 환율 변동폭 등을 활용하며 고위험 투자에 대거 나서고 있는 것으로 파악됐다. 특히 온라인 외환증거금 거래의 수수료 면제 서비스가 확산되면서 단타 차익을 노린 매매가 대거 늘어난 것으로 확인됐다. 엔화 값이 연초 달러당 81~82엔대에서 강보합세 박스권을 형성하고 2년간 유지됐던 제로금리정책이 당분간 더 유지될 것으로 예상되면서 와타나베부인들의 공격적인 외환상품 투자는 올해 더욱 늘어날 것으로 예상된다.

일본에서 개인과 금융회사가 보유 중인 자국 국채 물량은 지난해 말 현재 일본 정부가 발행한 전체 국채 잔액의 약 95%에 달한다. 국제신용평가기관들이 일본의 재정위기를 잇따라 경고하고 나섰지만 그리스 등 유럽 국가들과 달리 일본은 국채 대란이 빚어질 가능성이 매우 낮다는 분석이 나오는 것도 바로 자국민들의 국채 보유가 절대다수를 차지하고 있기 때문이다. 하지만 일본인들의 자국 국채 이탈과 국외 위험상품 투자가 가속화되면서 일본도 더 이상 재정위기의 안전지대가 아니라는 전망이 나오고 있다. 실제로 최근 일본 재무성이 발행한 국채는 자국 국민들보다 중국 정부가 더 큰 관심을 보이는 것으로 알려졌다. 일본 개인투자자들의 재테크 패턴 변화가 일본의 국가 재정정책에도 적잖은 영향을 미치고 있는 셈이다.

[퀴즈문제]

* 아래의 내용이 맞으면 T, 틀리면 F를 빈칸에 넣어 주세요.

1. 기업신용조사 분석은 경영체제분석, 업계신용분석, 그리고 금융
   기관 신용분석의 영역을 가진다. (　　)

2. 기업신용조사 분석은 기업의 신용내용을 조사·분석하는 것이
   고, 방법론으로는, 기업의 성장성, 생산성, 수익성 및 재무상태
   의 현황을 판단하여 포괄적이고 종합적인 판단을 내리는 일련
   의 과정을 의미한다. (　　)

3. 신용위험의 결정요인으로 금융기관에서 신용위험을 결정하는 5
   가지 요인을 5C라고 한다. (　　)

[정답] 1. (T) 2. (T) 3. (T)

[요점정리]

1. 기업의 신용분석조사에 대해 알아보았다.

2. 업계신용분석에 대해 알아보았다.

3. 금융기관의 신용평가에 대해 논의하였다.

[용어정리]

① 기업신용조사 분석

기업신용조사 분석은 기업의 신용내용을 조사·분석하는 것이고, 방법론으로는, 기업의 성장성, 생산성, 수익성 및 재무상태의 현황을 판단하여 포괄적이고 종합적인 판단을 내리는 일련의 과정을 의미한다.

② 신용평점제도

은행에서의 대출의 신용도를 평가하기 위하여 가장 널리 사용하고 있는 재무분석 수단은 신용평점제도이다.

[참고문헌]

강영수, 『재무분석 기초 끝내기』, 2010, 한솜미디어
김성민, 『재무분석』, 2007, 새로운 제안
김철중, 『재무분석』, 2010, 한국금융연수원
이건희, 『재무분석』, 1999, 학문사
이의경, 『재무분석』, 2008, 신론사
임태순, 『경영학원론』, 2010, 한국학술정보(주)
임태순, 『금융시장』, 2010, 한국학술정보(주)
임태순, 『재무관리』, 2011, 한국학술정보(주)
장영광, 『경영분석』, 2010, 무역경영사

1. 시장의 효율성에 대한 논의로서 효율적 시장의 가설에 대해 알아본다.
2. 시장의 효율성에 대한 연구로서 주식시장의 움직임에 대한 이례적인 현상에 대해 많은 연구가 진행되어 왔는데, 이를 효율적 시장의 가설과 연관지어서 학습한다.

제12장 효율적 시장

1. 시장효율성(Market Efficiency)

1.1 의의

시장의 효율성 개념은 파마(Eugene Fama) 교수에 의해서 논문이 발표된 후에 1970년 그가 효율적시장의 가설(Efficiency Market Hypothesis: EMH)을 발표하면서 증권시장에서 기적과 같은 수익률을 얻을 수 있다는 환상을 없애라는 메시지를 전달하면서 학계의 주목을 받기 시작한 이론이다.

파마는 EMH에서 증권시장은 정보를 신속하고 정확하게 반영하기 때문에 투자자들은 위험에 상응하는 "정상이익률(normal return)"만 얻을 수 있다고 역설하였다.[27]

---

27) 본 12장은 임태순 저, 『주식시장과 투자』, 2011년, 한국학술정보(주), 제7장에서 직접 빌려왔다.

1.2 EMH의 종류

3 가지 형태의 **EMH** 집합과 정보

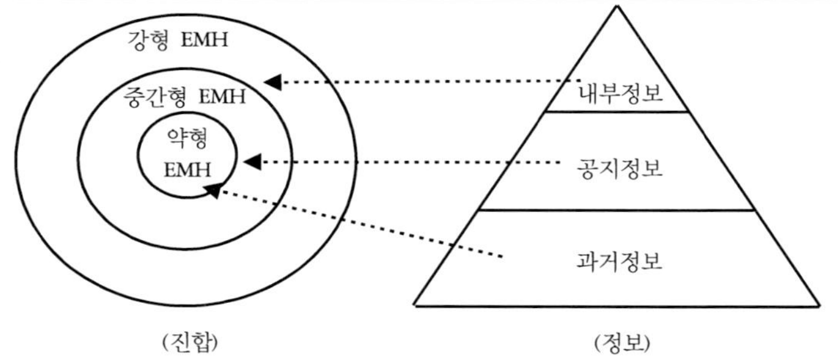

〈그림 12-1〉 EMH의 종류[28]

① 약형(weak form) EMH

과거의 모든 정보가 주가에 이미 반영되었다고 보는 가설로서 기술적인 분석과 같은 추세분석으로 비정상수익률을 올릴 수 없다는 견해. 따라서 투자자들이 얻는 수익률이란 정상적인 수익률에 불과할 것이다.

② 준강형(semi-strong form) EMH

주가는 공시정보까지를 신속하고 정확하게 반영한다고 보는 효율적 시장의 가설임.

③ 강형(strong form) EMH

주가는 모든 정보, 특히 기업의 내부정보까지 반영되기 때문에 이

28) 김건우, 『투자론』, 홍문사, p.223.

러한 정보에 의한 비정상수익률을 획득한다는 것은 불가능하다는 내용

* **결론:** 기업내부자에 의한 비정상적인 거래가 존재하는 것을 볼 수 있기에 준강형 효율적 시장가설까지는 학계에서 받아들여짐.

〈표 12-1〉 EMH의 검증[29]

고전적 EMH 검증	새로운 분류	구체적 연구
약형 EMH 검증	수익률 예측능력 연구 (return predictability)	단기수익률 예측 장기수익률 예측 사장수익률 예측
	시장이례현상연구 (market anomalies)	소규모기업 효과 소외기업 효과 유동성 효과 주말효과 1월효과 시가·장부가 비율
준강형 EMH 검증	사건연구(event study)	CAR 크기 비교
강형 EMH 검증	사적정보연구 (test for private information)	내부정보 Value Line 수수께끼 뮤츄얼펀드 성과

2. 시장효율성(Market Efficiency) 검증

☞ 함께 생각하기 ☜
랩 어카운트에 대해 알고 계세요?

▷ 개념: 랩어카운트(Wrap Account)는 증권사가 고객의 돈을 맡아
   서 주식 등에 투자하는 종합 자산관리 서비스를 의미한다.
   wrap(포장)+Account(구좌)의 합성어다.

---

29) 김건우, 『투자론』, 홍문사, p.224.

▷ 종류: 운영방식에 따라 일임형과 자문형으로 나뉜다.
  자문형은 고객의 의견(자문)을 받아서 처리하고, 일임형은 증권
  사가 100% 운영한다.
▷ 추세: 과거 증권사에서 주로 판매했으나 은행권으로도 퍼졌다.

2.1 약형 EMH 검증(시장이례현상)

시장이례현상이란 증권시장이 반복적으로 비정상적인 수익률을
보임으로써 시장비효율성이 계속되는 현상을 말한다.

1) 소규모 기업효과(small firm effect)

소규모효과는 소규모기업이 대기업보다 지속적으로 더 높은 비정
상수익률을 보이는 현상을 의미한다. 이유로는 12월이 되면 세금 절
약을 위하여 의도적으로 매매손실(capital loss)을 유발하기 때문으로
본다. 이때 개인투자자들은 변동성이 적은 대기업보다는 변동성이 많
은 소규모 기업부터 매도하게 된다고 해석한다.

2) 소외기업효과(neglected firm effect)/1월효과(january effect)

기업정보가 부족하고 전문투자분석가들의 관심이 부족한 소외기
업들의 투자수익률이 정보가 풍부한 기업보다 더 높은 현상을 나타
내는 것을 말한다.

3) 유동성효과(liquidity effect)

유동성이 낮은 기업의 주식들이 유동성이 높은 기업의 주식들보다 지속적으로 더 높은 투자 수익률을 보이는 것을 말한다.

4) 주말효과(weekend effect)

주말효과는 주말(금요일)의 주가가 대체적으로 높고, 월요일의 주가가 낮은 결과를 초래한다는 것을 말한다.

2.2 준강형 EMH 검증

1) 합병의 사례

합병발표(merger announcement)가 합병 당하는 기업의 주가에 미치는 영향을 조사한 결과, 합병발표는 신속하고 정확하게 주가에 반영되어 실제가격이 투자자들의 기대가격에 일치함으로써 비정상적인 수익률이 0에 가까웠다.

2.3 강형 EMH 검증

1) 내부정보

기업내부(inside)에 있는 최고경영진, 주주, 또는 정부의 정책결정자

들과 같은 내부자들이 자신들이 가지고 있는 기업내부의 정보를 이
용하여 비정상적인 수익률을 올릴 수 있다는 주장이 제기되어 왔다.

2) 뮤추얼펀드 투자성과

Peter Lynch(Fidelity investment의 Magellan Fund를 담당하던 펀드매니
저)와 Warren Buffet 같은 투자자들이 사상초유의 수익률을 냈던 것은
어떻게 해석해야 할까?

⇨ 뛰어난 몇몇 사람의 예외적인 비정상 수익률은 이들을 일반화
하여 효율적 시장의 가설과 결부하기엔 미흡해 보인다.

■ 심화학습 ■

장외주식 어떻게 살 수 있나[30]

① HTS 1대1 직접 거래
② 사모펀드에 간접투자

장외주식이 자산가들 사이에 관심 대상으로 떠오른 계기는 삼성생명이었다. 삼성생명 투자 전략에 따라 수익률이 크게 엇갈렸기 때문이다. 상장 반년 전 장외에서 삼성생명을 선취한 투자자들은 두 배 가까이 수익을 거둔 반면 공모주 청약 당시 뛰어든 투자자들은 상장 후 한동안 공모가인 11만 원을 밑돌았던 주가 때문에 쓰린 속을 움켜줬다.

비상장 주식 투자 방법은 크게 직접방식과 간접방식으로 나뉜다. 직접적으로 사려면 증권사 비상장주식 중개 서비스를 통하면 된다. 골든브릿지투자증권 동양종합금융증권 등에서는 비상장 주식 시세조회나 매수주문 서비스를 제공하고 있다.

거래를 원하는 투자자는 방문이나 홈트레이딩시스렘(HTS) 등을 통해 약정 등록을 먼저 한다. 약정 등록이 완료돼야만 비상장 주식을 살 수 있기 때문이다. 매수자는 사고 싶은 비상장 주식의 종류와 수량, 가격을 HTS에 입력한다. 주문이 들어가면 증권사는 고객 계좌를 보고 동일한 주문이나 가격대가 맞는 매도자를 찾아 양쪽 모두에게 연락을 준다. 매수자와 매도자가 증권사를 통해 협상 단계를 진행한다.

---

30) 『매일경제신문』, 2011. 1. 21

가격과 수량 조건이 서로 납득할 수 있게 되면 정보 전송 단계를 거친다. 본인 이름, 주민등록번호, 주소 등 신상정보를 교환하는 것이다.

엄태웅 동양종합금융증권 비상장 주식 중개 서비스팀 대리는 "증권사 결제계좌를 통하다 보니 어느 한쪽만 계약을 체결하면 다음 단계로 넘어가지 않아 안심할 수 있는 장점이 있다."며 "매도를 했는데도 돈을 떼이거나 매수를 했는데도 물건이 들어오지 않는 사고가 날 염려가 없다."라고 설명했다. 물론 매수 의사를 보여도 맞춤한 상대가 나타나지 않을 수도 있다. 일단 주문해 놓은 계약은 30일간 유효하다.

이론적으로는 1주만을 주문하는 것도 가능하다. 그러나 거래 주문량이 적으면 설령 가격조건이 좋아도 거래가 잘 이뤄지지 않을 수도 있다. 매도자가 양도소득세를 물어야 하기 때문이다. 한 명에게 100주를 팔면 양도소득세를 한 번만 물면 되지만 100명에게 1주를 팔면 양도소득세를 100번 물어야 하는 문제가 있다. 비상장사 주식 양도세는 거래가 대비 0.5%. 양도일이 속한 분기 말부터 2개월 이내 자진신고해야 한다. 장내에서 코스피와 코스닥 주식을 거래할 때 증권거래 세율은 각각 0.15%와 0.3%다.

간접적으로 공모주 펀드에 투자하는 방식도 일종의 장외주식 투자 성격을 띠고 있다. 증권사 PB를 중심으로 사모펀드를 결성한 뒤 투자하는 방식이다. 서울 강남을 중심으로 이 같은 투자 전략이 유행하고 있다. 방식은 간단하다. 증권사 PB들이 투자자를 모집한 뒤 공모신탁상품을 만들어 준다. 신탁 상품에 묶인 투자자 돈은 법인으로 간주된다. 개인이 개별적으로 청약에 응할 때보다 물량을 따내기가 수월해진다.

[퀴즈문제]

* 아래의 내용이 맞으면 T, 틀리면 F를 빈칸에 넣어 주세요.

1. 유동성효과(liquidity effect)란 유동성이 낮은 기업의 주식들이 유동성이 높은 기업의 주식들보다 지속적으로 더 높은 투자 수익률을 보이는 것을 말한다. (   )

2. 주말효과는 주말(금요일)의 주가가 대체적으로 높고, 월요일의 주가가 낮은 결과를 초래한다는 것을 말한다. (   )

3. 소규모효과는 소규모기업이 대기업보다 지속적으로 더 높은 비정상수익률을 보이는 현상을 의미한다. (   )

[정답] 1. (T) 2. (T) 3. (T)

[요점정리]

1. 시장의 효율성과 관련하여 의의 및 효율적 시장의 가설의 3종류
   를 알아보았다.

2. 효율적 시장의 검증을 하였다.

[용어정리]

① 약형 효율적 시장가설
과거의 모든 정보가 이미 주가에 반영되었다고 보는 효율적 시장
의 가설

② 준강형 효율적 시장가설
주가는 공시정보까지 반영한다고 보는 효율적 시장의 가설

③ 강형 효율적 시장가설
주가는 모든 정보, 특히 기업의 내부정보까지 주가에 반영되었다
고 보는 견해

[참고문헌]

김건우, 『투자론』, 홍문사, 제8장~제11장
박영호, 『왕초보투자자도 쉽게 배우는 기술적 분석』, 진리탐구
민상기 외 1인, 『글로벌 재무전략』, 명경사
박영호, 『왕초보투자자도 쉽게 배우는 기술적 분석』, 진리탐구
박정윤, 『투자론』, 2010, 명경사
임태순, 『재무관리』, 2011, 한국학술정보(주)
임태순, 『주식시장과 투자』, 2011, 한국학술정보(주)
최운열, 『투자론』, 박영사
한국금융연수원, 『자산운영』
『증권FP』, (주)이패스 코리아

학습목표

1. 기업 주식의 내재가치를 평가하는 방법을 학습목표로 한다. 기업의 내재 가치를 평가하는 여러 방법 중에서 배당할인모형을 이용하여 기업의 연 말배당을 중심으로 하여 기업의 내재가치를 구하는 방법과 이에 대한 원 리를 학습한다.
2. 기업의 내재가치를 평가하는 방법으로 주가수익비율(PER 모형)과 주가장 부가치비율(PBR 모형)에 기초하여 기업의 내재가치를 계산하는 방법을 살펴보고 이를 이해하는 데 학습목표를 둔다.
3. 인플레이션과 주가, 그리고 경제적 부가가치에 대해 논의한다.

제13장 주식가치평가

1. 배당할인모형

주식평가는 모든 투자자들의 관심사이다. 특히 워런 버핏을 위시한 많은 투자 전문가들이 주식의 매입과 매도의 시점은 "주식의 내재가치와 시가를 비교"하여 판단한다고 언급하고 있지만 주식의 내재가치를 평가하기란 쉬운 일이 아니다. 배당할인모형은 주식의 내재가치를 지급되는 배당에 의해 파악하는 한 가지 방법으로 제시된 방법론이다.[31]

---

31) 본 13장은 임태순 저, 『주식시장과 투자』, 2011, 한국학술정보(주), 제9장에서 직접 빌려왔다.

내개가치와 과대평가, 과소평가
내재가치: 시가>0(과소평가)
내재가치: 시가<0(과대평가)

워런 버핏의 투자 스타일은 "내재가치" 우선
네브라스카의 오마하에 거주하여 '오마하의 현인'이란 별명을 가진 세
계 2위의 부자인 워런 버핏은 내재가치가 있는 주식을 선호하여 집중
투자하는 것으로 유명, 주요투자종목은 맥도날드, 코카콜라, 질레트 등

1.1 배당할인모형의 의의

1) 의의

배당할인 모형의 기본 가정은 기업주식의 내재가치는 미래에 배당
되는 금액을 적절한 할인율로 할인한 현가의 합이라고 정의한다.

2) 가정

① 기업이 계속기업(going concern)으로 계속 영원히 존재함을 전제
로 한다.
② 이 계속기업은 매년 일정부분의 배당을 지급한다.

3) 배당할인모형(Dividend Discount Model)

$$P_0 = \frac{D_1}{1+k} + \frac{D_2}{(1+k)^2} + \frac{D_3}{(1+k)^3} + \cdots + \frac{D_n}{(1+k)^n}$$

여기서 P_0=기업주식의 내재가치

k=기업의 요구 수익률(자기자본비용)

$D_{1,\,2,..n}$=매기간의 예상 주당 배당금

1.2 일정배당성장모형(Constant Growth Model)

1) 의의

일정배당성장모형은 일명 "고든(Gordon)모형"이라그도 한다. 고든은 배당할인모형을 기초로 하여 기업이 일정하게 성장할 경우에 기업 주식의 내재가치를 계산하는 고든 방정식을 완성하였다.

2) 고든 방정식

$$P_0 = \frac{D_1}{k-g}$$

여기서 P_0=주가 또는 기업주식의 내재가치

k=기업의 요구 수익률(자기자본비용)

$D_{1,\,2,\,..n}$=배당금 예) $D_1 = D_0(1+g)$

g=일정배당성장률

3)시사점

① 배당률이 클수록 주가는 높아진다.

② 요구수익률이 작을수록 주가는 높아진다.

③ 배당성장률은 요구수익률보다 클 수 없다.

④ 주가는 배당성장률만큼 성장한다.

4) 예제와 풀이

① 예제: 서울기업(주)의 현재 배당금은 1,000원, 배당성장률이 10%이다. 이 기업의 자기자본비용이 12%일 때 예상주가는 얼마인가?

② 예제정리: $k=0.12$, $D_1 = D_0(1+g) = 1000(1+0.1) = 1,100$원

③ 풀이: $P_o = \dfrac{1100}{0.12 - 0.10} = 55,000$원

1.3 배당성장률(g) 계산

1) 의의

배당성장률은 일반적으로 자기자본순이익률(ROE: $\dfrac{순이익}{자기자본}$)에 이익유보율(b)을 곱하여 구한다.

2) 계산법

$g = ROE * b$

$= ROE * (1-d)$

여기서,

g=배당률

ROE=자기자본순이익률

b=이익유보율

d=배당성향

3) 예제와 풀이

① 예제: 서울기업(주)의 자기자본순이익률(ROE)이 20%, 그리고 배당성향(d)이 70%일 때 이 기업의 성장률(g)을 구하라.

② 풀이: $g = ROE * b$

$= ROE * (1 - d)$

$= 20 * (1 - 0.7)$

$= 6(\%)$

4) 시사점

① 투자자들은 주식을 선택할 때 성장성이 높은 기업을 선호하게

되며 이런 기업의 경우 높은 유보율을 유지하여 성장성을 높여 주가는 상승하게 된다.

② 한계기업의 경우 성장률은 0에 근접하기 때문에 주가는 하락하게 된다.

2. PER모형, PBR모형

2.1 PER모형

1) 의미

PER(Price Earning Ratio)은 주식의 시가를 가장 최근의 주당수익(Earning Per Share)으로 나눈 수치를 말한다. 이 PER의 개념은 주식투자자들에게 시장 및 개별주가에 대한 정보를 제공해 주는 중요한 역할을 한다. 때론 간단하게 P/E ratio라고 불리기도 한다.

2) 계산식

$P_0 = EPS * PER$

여기서 P_0=예상주가 또는 기업주식의 내재가치

   EPS=예상주당순이익

   PER=기업의 평균 PER값

3) PER의 해석

① 높은 PER: 일반적으로 과열된 현상을 나타낼 수 있다.
② 낮은 PER: 일반적으로 PER이 낮은 주식은 높은 주식보다 높은 투자수익률을 보인다.

4) 예제와 풀이

① 예제: 서울기업(주)의 내년도 예상 주당수익률(EPS)이 1,000원으로 예측된다. 이 기업의 평균 PER이 20~22배 사이로 형성된다고 가정할 때, 서울기업의 내년도 예상 주가의 움직임을 추정해 보아라.
② 풀이: 1000 * 20=20,000원, 1000 * 22=22,000원 예상가격은 20,000원에서 22,000원 사이에 있다.

5) PER 모형의 한계점

① 주당순이익(EPS)이 장부가치이기에 기업의 수익률을 제대로 반영하지 못하는 한계점을 갖는다.
② PER은 인플레이션과 정반대로 움직이는 경향이 있다. 즉 인플레이션에 의해 왜곡될 수 있다.
③ PER은 경기에 민감하게 반응하는 경향이 있다.
④ EPS가 미래의 이익이 아니고 과거의 이익이라는 한계를 갖는다.

2.2 PBR모형

1) 의의

PBR(Price Book value Ratio: 주가장부가치비율)은 주가를 주당 장부가치로 나눈 것이다.

2) PBR에 대한 해석

① 높은 PBR 선호

높은 PBR 주식은 자본비용보다 높은 투자수익률을 낳는다는 견해이다. 즉, PBR이 높을수록 더 높은 ROE가 기대된다는 의미이고, 기업의 미래투자수익률이 높을수록 기업의 주가는 현재가치보다 더 높아진다고 보는 시각이다.

② 낮은 PBR 선호

시가가 장부가치 이하로 떨어지면 청산하거나 매각하여야 하기 때문에 PBR이 낮은 주식이 투자대상으로 꼽힌다는 시각이다.

3. 인플레이션과 주가, 경제적 부가가치(EVA)

3.1 인플레이션과 주가

① 인플레이션은 주식의 실질기대수익률과 배당을 감소시킨다.
　 인플레이션과 실질기대수익률 사이에는 음의 상관관계가 있다.
② 투자자들은 인플레이션에 의한 명목이자율 인상을 실질이자율
　 인상으로 간주하기 쉽다. 따라서 인플레이션이 높은 시기에는
　 주식을 낮게 평가한다.
③ 인플레이션이 예상된다는 사실은 미래 경제상황에 대한 불확실
　 성의 증대를 의미하고 미래의 불확실성 증대는 투자자들의 요
　 구 기대수익률이 증가하기 때문에 주가의 하락을 가져온다.
④ 주식이 인플레이션에 대해 중립적인 투자대상이라고 보는 견해
　 이다.

3.2 경제적 부가가치(EVA: Economic Value Added)

1) 개념

세후 영업이익에서 투자가의 기대수익인 자본비용을 차감한 금액
이 양이면 기업가치가 증대되고 음이면 기업가치가 감소한다.

2) 계산식

EVA=NOPAT(세후순영업이익)-WACC(가중평균비용)

여기서,

$$\text{WACC}=[(\text{타인자본비용}\times(\frac{\text{타인자본}}{\text{총자본}})+(\text{자기자본비용})\times(\frac{\text{자기자본}}{\text{총자본}})]$$

3) 상장기업의 EVA 측정결과

우리나라의 기존연구(남명수 교수)

① 기간: 1986~1995
② 대상: 상장기업
③ 결과: 평균 가중평균자본비용(WACC) 14%, 투자자본이익률(ROIC)
은 8%에 불과
④ 평가: 대부분의 기업이 음의 가치를 창출함으로써 기업가치가
감소한 것으로 나타났다.
⑤ 결론: 가치창조경영의 성과평가가 증권시장에서 투자평가지표
로서 활용될 수 있음을 보였다.

헤지펀드 대부 존스의 '굴욕' [32)

87년 블랙 먼데이 예견
금융위기로 펀드 환매 중단

조지 소로스와 함께 세계 헤지펀드업계의 양대 거물로 꼽히는 폴 튜더 존스 튜더인베스트먼트 대표(54)가 최근 금융위기에 따른 손실을 피하지 못하고 투자자들의 환매를 일시 중단해 시장에 충격을 주고 있다.

파이낸셜타임스(FT)는 2일 튜더인베스트먼트의 대표 펀드인 '튜더BIV펀드'의 환매가 내년 3월까지 일시 중단된다고 보도했다.

존스는 지난주 투자자들에게 보낸 서한에서 "'튜더BIV펀드'의 투자자들이 요구하고 있는 환매금액 규모는 전체 운용자금의 약 14% 수준"이라며 "펀드 내 부실자산 매각 정리를 위해 투자자들의 환매를 넉 달 동안 중단한다."라고 밝혔다.

폴 튜더 존스

· 1954년 미국 터네시주 멤피스 출생
· 버지니아대학 경제학 전공
· 1980년 튜더 인베스트먼트 창업
· 1988년 로빈홋재단 설립
· 2007년 포브스 선정 '세계 400대 부호'

32) 『한국경제』, 2008. 12. 2.

1986년 설정된 '튜더BIV펀드'는 현재 100억 달러 규모로 운용되고 있으며, 올 들어 지난달까지 -5%의 수익률을 기록했다. 세계 헤지펀드들의 실적을 나타내는 HFRI종합지수가 같은 기간 16% 하락한 점을 감안하면 선방한 셈이지만 헤지펀드계의 전설로 꼽히는 존스의 명성엔 치명타가 가해졌다고 FT는 전했다. FT는 또 모건 스탠리의 자료를 인용해 최근 부실자산을 떼어내기 위해 환매 중단 조치를 취한 헤지펀드의 수가 전체의 약 15-30%에 이르고 있다고 덧붙였다.

존스는 1987년 뉴욕증시의 폭락(블랙 먼데이)을 예견한 투자로 큰 수익을 올려 '약세장 투자의 황제'로 불린다.

버지니아대에서 경제학을 전공한 존스는 1976년 면화 선물거래인으로 월가에 처음 입문한 뒤 1980년 헤지펀드 회사인 튜더인베스트먼트를 차렸다. 1987년 10월 뉴욕증시 대폭락 당시 존스는 증시 상황이 1929년 대공황과 비교될 정도로 어려웠음에도 불구하고 선물펀드를 운용하면서 62%의 경이적인 수익률을 올려 일약 스타로 부상했다. 폭락장을 예견하고 주식 자산을 미리 매도하는 대신 금과 원유 등 상품 매입에 나섰던 게 비결이었다.

1988년엔 교육 및 보건 등 사회복지와 관련된 기업들에 자금을 지원하고 경영 노하우를 전수하는 비영리 단체인 '로빈훗 재단'을 설립했다. 개인 재산 규모가 33억 달러에 이르는 것으로 알려진 존스는 지난해 미 시사주간지 포브스가 선정한 '세계 400대 부호' 명단에 포함되기도 했다.

존스의 투자 원칙은 "잔디 깎는 기계에 저항하는 풀잎은 잘려 나가고, 굽힌 풀잎은 살아남는다는 것을 깨달아야 한다."라는 그의 말로 집약될 수 있다. 한마디로 시장 상황을 예의 주시하고, 흐름에 맞춰

투자 시기와 규모를 방어적으로 조절해야 한다는 뜻이다. 그는 투자의 성공을 위해선 장기적 관점에서 냉정함을 유지하며, 공격적인 투자보다는 위험관리에 더 중점을 둬야 한다고 투자자들에게 강조한다. 그런 존스도 금융위기의 쓰나미 앞에선 별 수 없었다.

존스는 환매 중단과 관련해 뉴욕타임스와 가진 인터뷰에서 "현재의 금융위기는 32년간 헤지펀드업계에 종사해 온 나로서도 가장 위험한 시기"라며 "하지만 튜더인베스트먼트의 펀드와 함께하는 투자자들이 존재하는 한 펀드 운용을 포기하는 일은 절대 없을 것"이라고 말했다.

[퀴즈문제]

* 아래의 내용이 맞으면 T, 틀리면 F를 빈칸에 넣어 주세요.

1. PER(Price Earning Ratio)은 주식의 시가를 가장 최근의 주당수익 (Earning Per Share)으로 나눈 수치를 말한다. (   )

2. 경제적 부가가치는 세후 영업이익에서 투자가의 기대수익인 자본비용을 차감한 금액이 양이면 기업가치가 증대되고 음이면 기업가치가 감소한다. (   )

3. 인플레이션은 주식의 실질기대수익률과 배당을 감소시킨다. 인플레이션과 실질기대수익률 사이에는 음의 상관관계가 있다. (   )

[정답] 1. (T) 2. (T) 3. (T)

[요점정리]

1. 주식평가로서 배당할인모형과 고든 모형(일정배당성장모형)에 대해 알아보았다.

2. PER과 PBR에 대해서 알아보았다.

3. 인플레이션과 주가, 경제적 부가가치(EVA)에 대해서 알아보았다.

[용어정리]

① PER(Price Earning Ratio)

PER은 주식의 시가를 가장 최근의 주당수익(Earning Per Share)으로 나눈 수치를 말한다. 때론 간단하게 P/E ratio라고 불리기도 한다.

② PBR

PBR(Price Book value Ratio: 주가장부가치비율)은 주가를 주당 장부가치로 나눈 것이다.

③ 경제적 부가가치(EVA: Economic Value Added)

세후 영업이익에서 투자가의 기대수익인 자본비용을 차감한 금액이 양이면 기업가치가 증대되고 음이면 기업가치가 감소한다.

[참고문헌]

김건우, 『투자론』, 홍문사
박영호, 『왕초보투자자도 쉽게 배우는 기술적 분석』, 진리탐구
민상기 외 1인, 『글로벌 재무전략』, 명경사
박영호, 『왕초보투자자도 쉽게 배우는 기술적 분석』, 진리탐구
박정윤, 『투자론』, 2010, 명경사
임태순, 『재무관리』, 2011, 한국학술정보(주)
임태순, 『주식시장과 투자』, 2011, 한국학술정보(주)
최운열, 『투자론』, 박영사
한국금융연수원, 『자산운영』
『증권FP』, (주)이패스 코리아

▍부록 1. 주식 매력 높아졌다

재무제표에 대한 이해

재무제표는 재무상태표(혹은 대차대조표), 포괄손익계산서, 현금흐름표, 자본변동표 그리고 각종 보고서에 대한 주석 등을 말한다. 이들의 의미를 다시 살펴보면 아래와 같다.

재무상태표

재무상태표는 기업의 일정시점의 재무상태를 나타내는 표이다. 따라서 재무상태표는 기업의 자산과 부채, 자본의 총계와 그 내역이 포함된다. 재무상태표의 구성요소를 살펴보면 아래와 같다.

재무상태표

[자산 영역]	[부채와 자본 영역]
유동자산 현금 및 현금성 자산 단기금융자산 매출채권 재고자산 **비유동자산** 장기금융자산 유형자산 무형자산	**유동부채** 단기차입금 매입채무 **비유동부채** 사채 장기차입금 장기충당부채 **자본금** 주식발행초과금 이익잉여금

포괄손익계산서

포괄손익계산서
매출액
− 매출원가
매출총이익
− 판매비, 관리비
영업이익(EBIT)
− 영업외 수익(+)·비용(-)
법인세비용차감전순이익
− 특별이익(손실)
− 법인세
당기순이익(EAT)

포괄손익계산서는 손익계산서라고도 한다. 즉 손익계산서는 기업이 일정한 회계 기간 동안 경영활동을 하여 발생한 수익과 비용을 나타내는 기업의 경영성적표이다. 회계기간은 주로 1년을 기준으로 작성하며, 기업의 이해관계자들은 손익계산서를 통하여 기업의 영업활동에 대한 정보를 얻을 수 있다.

현금흐름표

현금 흐름표는 일정 회계 기간 중 기업의 영업활동에서 발생한 현금의 유입과 유출에 대한 정보를 나타내는 표이다. 따라서 기업의 현금흐름표에 관심이 있는 기업의 이해관계자는 현금흐름표를 통하여 기업의 현금흐름의 원천(source)과 운용(use)에 대한 정보를 살필 수 있다. 현금흐름의 구성을 살펴보면 아래와 같다.

현금흐름표의 구성

1. 영업활동으로 인한 현금흐름
① 당기순이익

② 현금의 유출이 없는 비용의 가산

③ 현금의 유입이 없는 수익의 차감

④ 영업활동으로 인한 자산과 부채의 변동

2. 투자활동으로 인한 현금흐름

① 투자활동으로 인한 현금유입액

② 투자활동으로 인한 현금유출액

3. 재무활동으로 인한 현금흐름

① 재무활동으로 인한 현금유입액

② 재무활동으로 인한 현금유출액

4. 현금의 증가(1+2+3)

5. 기초의 현금

6. 기말의 현금

자본변동표

자본변동표는 회계 기간에 기업의 소유지분이 되는 자본이 어떻게 변동했는가를 나타내는 표이다. 따라서 주주들의 관심사인 자본변동에 대한 내역에 대한 정보를 제공해 준다. 자본변동표를 보면 자본금, 자본잉여금, 자본조정, 기타 포괄손익누계액, 이익잉여금에 대하여 각 항목별로 기초잔액, 기말잔액, 그리고 변동사항을 일목요연하게 살필 수 있다.

주석

주석이라 함은 재무제표의 본문에 기재된 내용만으로 중요한 정보를 모두 공시하는 데 어려움이 있기 때문에 제무제표의 본문에 표시하기 어려운 정보를 별지에 표시하여 기재하는 것을 의미한다.

'부도덕'한 CEO의 말로, 죽을 때까지 수의 벗기 힘들 듯…[33]

지난 2001년 회계부정 스캔들로 붕괴한 미국 에너지 대기업 엔론의 전 최고경영자(CEO) 제프리 스킬링(52)이 23일 사기와 공모 등으로 24년 4개월 형을 선고받음으로써 '부도덕한' CEO의 말로가 어떤지를 극명하게 보여줬다.

미 CNN머니 인터넷판은 23일 스킬링에 대한 중형 선고와 관련해 미국에서 2001년 이후 회계 사기 등 '화이트 칼라' 범죄 행위로 실형을 선고받고 복역 중이거나 복역 후 출소한 CEO, 중형 선고가 예상되는 CEO 6명을 소개했다.

버나드 에버스(64)

장거리 전화회사 월드컴의 전 CEO. 110억 달러 규모의 회계사기사건에 개입한 죄로 작년 7월 25년 형을 받고 연방 형무소에서 복역 중이다. 월드컴을 미 사상 최대 규모의 파산 사태로 몰아넣은 장본인으로 지목돼 미시시피의 저택 등 4,500만 달러 상당의 재산 몰수 명령을 아

---

33) 『조선일보』, 2006. 10. 25.

울러 받았다.

　그의 형량은 경제전문지 포천 선정 500대 기업에서 '기업 범죄'를 저질러 실형을 선고받은 CEO들 중 최장기형으로 기록됐다. 현재 MCI로 사명을 바꾼 월드컴은 2002년 파산보호를 신청했다.

　그는 나이로 미뤄 죽을 때까지 수의를 벗기 힘들 것으로 보인다. 작년 3월 최고 85년 형에 처해질 수 있는 9개 항목의 범죄 행위로 유죄평결을 받은 그는 올해 7월 항소심에서 패소했고 9월부터 복역을 시작했다.

마사 스튜어트(65)

　마사 스튜어트 리빙 옴니미디어의 창업주로 '살림의 여왕'으로 불린다. 2001년 말 항암제 '어비툭스'로 유명한 생명공학업체 임클론 주식 매각과 관련된 내부자 거래 조사 과정에서 거짓말을 한 사실이 들통 나 철창신세를 졌다.

　공모, 사법방해, 임클론 주식 4천여 주를 판 것에 대한 거짓말 등의 혐의로 2004년 유죄평결을 받았다. 5개월간 복역한 후 6개월간 가택연금됐다가 풀려났다. 이 스캔들로 '마사 스튜어트 리빙'의 CEO직과 뉴욕증권거래소(NYSE) 이사직을 어쩔 수 없이 그만뒀다.

　2006년 8월 19만 5천 달러의 벌금 납부, 5년간 주식회사 경영 참여 금지 등에 동의했다. 포천은 그녀를 2006년 '가장 영향력 있는 여성 50걸'로 선정했다.

샘 왁살

생명공학업체 임클론의 창업자 겸 전 CEO로 친구 사이인 마사 스튜어트도 연루된 주식 내부자 거래 스캔들과 관련, 7년 3개월 형을 선고받고 복역 중이다.

그는 항암제 어비툭스 승인이 여의치 않다는 사실이 일반에 알려지기 전인 2001년 친지들에게 이 사실을 말해줬다며 유죄를 인정했다. 스튜어트는 왁살과도 거래가 있는 주식 브로커 피터 바카노비치로부터 이러한 정보를 입수한 후 임클론 주식 4천여 주를 팔아치웠다.

왁살은 2003년부터 복역 중이며 벌금 430만 달러를 지불하기로 합의했다. 어비툭스는 이 사건 이후 미 식품의약청(FDA)의 승인을 획득했다.

데니스 코즐로우스키(59)

미국의 복합기업 타이코 인터내셔널의 전 CEO. 회사에서 수억 달러를 착복한 혐의로 작년 9월 징역 8년 4개월~25년 형을 선고받았다. 또 회사에서 '훔친 돈' 1억 3,400만 달러를 반납하고 벌금 7천만 달러를 아울러 지불하라는 명령도 받았다.

그는 1차 재판에서 배심원 중 한 명이 협박 편지를 받은 사건의 여파 속에 유죄평결을 피할 수 있었으나 2차 재판에서 중절도죄와 공고, 사업경력 위조 등 23개 항목의 혐의 중 22개에 대해 유죄가 인정돼 중형을 선고받았다.

그는 숱한 비행으로 화제를 모았는데 특히 사르디니아 섬에서 자기 아내 카렌에게 로마 시대에 주신(酒神) 바카스의 축제를 방불케 하는 초호화판 생일 파티를 열어준 것으로 유명하다. 그러나 지난 7월 아내 카렌으로부터 이혼소송을 당했다.

존 리가스(81)

통신업체 아델피아 커뮤니케이션스의 창업주 겸 전 CEO로, 5위권 통신업체였던 아델피아의 몰락을 초래한 수십억 달러 규모의 사기 사건에 연루돼 지난 해 15년 징역형을 선고받았다. 회사 경영권을 반세기 동안 장악해온 그는 최고재무책임자(CFO)를 지낸 아들 티모시(50)와 함께 복역 중이다. 티모시는 '기업 약탈'죄로 20년 형을 선고받았다. 검찰은 이들 부자에게 각기 215년형을 구형했었다.

2002년 아델피아 도산으로 투자자들은 수십억 달러의 손실을 입었는데 그해 8월 타임 워너와 컴캐스트가 169억 달러에 아델피아를 인수했다.

제이콥 '코비' 알렉산더(54)

소프트 애플리케이션 업체 콤버스 테크놀로지스의 전 CEO로, 뇌물 공여 및 사기죄 등의 혐의로 지명수배됐다 얼마 전 아프리카의 나미비아에서 체포됐다. 그는 애초 스톡옵션(자사주 매입선택권) 조작에 따른 사기와 공모, 돈세탁 혐의 등으로 기소됐었으나 미국 검찰은 뇌물공여, 사법방해 혐의 등을 기소 항목에 추가했다. 그는 사기 혐의를 벗기 위해 누군가에게 500만 달러의 뇌물을 제공했다는 혐의를 받고 있다.

그는 이스라엘 시민권과 미 영주권을 함께 갖고 있으며 나미비아 법원에서 보석이 허용돼 풀려나 있는 상태다. 미 검찰은 그의 신병 인도를 모색 중이다.

▌찾아보기

● 국문색인

time series analysis   24
total asset growth ratio   88
total asset turnover   68
trend analysis   23, 99, 113
turnover ratios   65

(U)
use   33, 75, 79, 80, 234

(V)
value added ratio   84
VC: variable cost   120

(W)
Warren Buffet   210
weekend effect   209
white knight   178
worker   20, 21, 57
workout   163
WPI   118, 129
Wrap Account   207

임태순 ─────────────────────────────────

Long Island University MBA
University of Wisconsin-Madison ABD
인하대학교 경영학 박사
인천상공회의소 자문교수
경영지도사 시험출제위원
서울사이버대학교 학생지원처장 역임
서울사이버대학교 경영학과장 역임
서울사이버대학교 금융보험학과장 역임
현) 서울사이버대학교 금융보험학과 교수
　　　Jones International University 겸임교수

『주식시장과 투자』(2011)
『기업윤리』(2011)
『재무관리』(2011)
『글로벌경영』(2011)
『금융시장』(2010)
『행복한 생활경영』(2010)
『핵심재테크』(2010)
『경영학원론』(2010)
『리스크와 재무설계』(공저, 2008)
『인하연에 핀 연꽃』(공저, 2008)
『재무관리의 이해(개정판)』(공저, 2007)
『현대경영학의 개관』(공저, 2006)
『재무관리의 이해』(공저, 2004)
『현대경영학의 이해』(공저, 2001)

경영분석
Business Analysis

초 판 인 쇄 | 2011년 5월 9일
초 판 발 행 | 2011년 5월 9일

지 은 이 | 임태순
펴 낸 이 | 채종준
펴 낸 곳 | 한국학술정보㈜
주   소 | 경기도 파주시 교하읍 문발리 파주출판문화정보산업단지 513-5
전   화 | 031) 908-3181(대표)
팩   스 | 031) 908-3189
홈 페 이 지 | http://ebook.kstudy.com
E - m a i l | 출판사업부 publish@kstudy.com
등   록 | 제일산-115호(2000. 6. 19)

ISBN   978-89-268-2142-8 13320 (Paper Book)
          978-89-268-2143-5 18320 (e-Book)

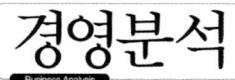 은 시대와 시대의 지식을 이어 갑니다.